SuasFinanças.com

Preencha a **ficha de cadastro** no final deste livro
e receba gratuitamente informações
sobre os lançamentos e promoções da Elsevier.

Consulte também nosso catálogo
completo, últimos lançamentos
e serviços exclusivos no site
www.elsevier.com.br

Marcelo Junqueira Angulo
CFP™

SuasFinanças.com

Os 101 melhores sites para cuidar do seu dinheiro e ajudá-lo a enriquecer

coleção Expo Money

Coordenação
Gustavo Cerbasi

2ª Tiragem

ELSEVIER

CAMPUS

© 2008, Elsevier Editora Ltda.

Todos os direitos reservados e protegidos pela Lei nº 9.610 de 19/02/1998.

Nenhuma parte deste livro, sem autorização prévia por escrito da editora, poderá ser reproduzida ou transmitida sejam quais forem os meios empregados: eletrônicos, mecânicos, fotográficos, gravação ou quaisquer outros.

Copidesque: Denise Rodrigues
Editoração Eletrônica: Estúdio Castellani
Revisão Gráfica: Andréa Campos Bivar e Jussara Bivar

Projeto Gráfico
Elsevier Editora Ltda.
Conhecimento sem Fronteiras
Rua Sete de Setembro, 111 – 16º andar
20050-006 – Centro – Rio de Janeiro – RJ – Brasil

Rua Quintana, 753 – 8º andar
04569-011 – Brooklin – São Paulo – SP – Brasil

Serviço de Atendimento ao Cliente
0800-0265340
sac@elsevier.com.br

ISBN 978-85-352-2837-3

Nota: Muito zelo e técnica foram empregados na edição desta obra. No entanto, podem ocorrer erros de digitação, impressão ou dúvida conceitual. Em qualquer das hipóteses, solicitamos a comunicação ao nosso Serviço de Atendimento ao Cliente, para que possamos esclarecer ou encaminhar a questão.

Nem a editora nem o autor assumem qualquer responsabilidade por eventuais danos ou perdas a pessoas ou bens, originados do uso desta publicação.

CIP-Brasil. Catalogação-na-fonte.
Sindicato Nacional dos Editores de Livros, RJ

A61s   Angulo, Marcelo Junqueira

        SuasFinanças.com : os 101 melhores sites para cuidar do seu dinheiro e ajudá-lo a enriquecer / Marcelo Junqueira Angulo ; coordenação Gustavo Cerbasi. – Rio de Janeiro : Elsevier, 2008 – 2ª reimpressão.

        – (Expo money)

        ISBN 978-85-352-2837-3

        1. Investimentos – Brasil – Recursos de redes de computadores – Indicadores. 2. Finanças pessoais – Brasil – Indicadores. 3. Sites da web – Brasil – Indicadores. I. Título. II. Série.

08-0982.   CDD: 332.6
                                                    CDU: 336.76

Para Flávia Adriana

Apresentação

Poucas pessoas poderiam ter credenciais mais relevantes do que Marcelo Angulo para escrever este livro de 101 sites. Afinal, ele é um dos pioneiros na construção de sites de Finanças Pessoais com acesso em massa no Brasil, com seu já clássico website http://www.amigorico.org.

À primeira vista, quando a idéia do Marcelo chegou a mim através de meu parceiro de consultoria Fabiano Calil, precisei de algum tempo para digeri-la. Não me parecia razoável escrever um livro com indicação de conteúdo da Internet, um ambiente extremamente dinâmico em que sites nascem e morrem com uma dinâmica impressionante. Ainda mais sites de Finanças, uma área que se transforma em ritmo igualmente dinâmico. Mas, quando o projeto detalhado efetivamente chegou às minhas mãos, não tive dúvida de que estava ali uma grande oportunidade de transformar o conhecimento financeiro das pessoas.

Marcelo Angulo tomou o cuidado não só de selecionar sites perenes, em sua maioria também já clássicos e com grande acesso do público, mas também de organizá-los segundo os preceitos da boa gestão financeira pessoal, aprendidos em seu início de carreira como membro da equipe de consultores Cerbasi & Calil.

O resultado da exaustiva e disciplinada pesquisa, apresentado neste livro, é um guia que deve ser lido e relido diversas vezes, independentemente de seu grau de conhecimento em Finanças Pessoais. Nele, estão indicadas ferramentas fantásticas que sempre ajudarão a refinar seu controle, seu conhecimento e seu projeto pessoal para enriquecer.

Poucos cursos, mesmo os mais extensivos, conseguiriam reunir toda a gama de conhecimento de qualidade que você acessará se ler este livro próximo a um computador com acesso à Internet – esta é minha recomendação de leitura, pois revisei o livro desta maneira. E todo esse conhecimento jamais caberá em um único livro. Por isso, é com muito orgulho que apresento uma leitura que deverá estar sempre presente em sua pasta ou gaveta de controles pessoais.

Gustavo Cerbasi

. . .

Hoje, mais do que nunca, temos que conquistar a nossa independência financeira para que possamos ter um futuro melhor. Normalmente não somos disciplinados em relação ao nosso dinheiro, não aprendemos a lidar com ele em nossa educação e nem sempre temos a oportunidade de aprimorar nossos conhecimentos sobre investimentos e os diversos aspectos do mercado de capitais. Por isso a Coleção Expo Money foi desenvolvida, como um agente transformador da sociedade, um guia para compreender melhor este maravilhoso mundo dos investimentos.

O conhecimento que você está adquirindo foi desenvolvido por um especialista no assunto e terá grande utilidade no entendimento das questões que tanto nos afligem: cuidar melhor do nosso dinheiro e do nosso futuro.

O grande segredo para um futuro financeiro melhor e mais eficiente está, agora, em suas mãos. Lembre-se, não existe fórmula mágica para ficar rico, o mais importante está na sua atitude diante das oportunidades que se apresentam para você. O nosso objetivo como coordenadores desta coleção é a transformação para uma sociedade mais justa e digna para todos. Boa leitura!

Robert Dannenberg
Presidente
www.expomoney.com.br

Ao Leitor

Prezado leitor,

Para que você se beneficie ao máximo do conteúdo deste livro, não deixe de ler com atenção a Introdução, que apresenta o potencial da Internet para apoiá-lo na conquista do seu sucesso financeiro e indica como os 101 sites foram escolhidos e organizados. A Introdução foi escrita para facilitar a compreensão e o uso do livro *SuasFinanças.com*. Aproveite!

Vale lembrar também que, pelo caráter dinâmico da Internet, um site pode eventualmente se reformular, apresentando novos recursos, e mudar, por exemplo, o endereço do conteúdo recomendado. Tendo o compromisso com você, leitor, de indicar o que a Internet oferece de melhor para ajudá-lo a cuidar do seu dinheiro e enriquecer, o site do livro *SuasFinanças.com* (http://www.suasfinancas.com) incluirá as modificações pontuais que venham a ocorrer.

Boa leitura!

Marcelo Junqueira Ângulo

Agradecimentos

Amigos, familiares, clientes e colegas, todos apoiaram e comemoraram a realização deste projeto, um pequeno sonho que com grande alegria tornou-se meu primeiro livro.

Publicar este livro pela Coleção Expo Money da Editora Campus/Elsevier foi para mim motivo de grande alegria e orgulho. Ao Robert Dannenberg da Expo Money – que sempre apoiou o AmigoRico.org – e à Caroline Rothmuller da Campus/Elsevier, agradeço pela oportunidade.

Foi um privilégio escrever o livro sob a coordenação de Gustavo Cerbasi. Por meio dos seus diversos comentários, sugestões e orientações – que engrandeceram em muito o livro – Gustavo me incentivou a tornar o livro mais didático, prático e completo. Muito obrigado, Gustavo!

Um agradecimento especial ao Fabiano Calil, a quem primeiro contei a idéia do livro e que muito me ajudou ao levar a idéia ao Gustavo Cerbasi. Ao Fabiano, registro aqui minha sincera gratidão.

Tive também a sorte de contar com o apoio intenso de diversos amigos e clientes. A começar pela meticulosa e muito construtiva leitura do texto realizada pelo meu sogro Armando Kagueyama e pelas sugestões valiosas do amigo Igor Tasic. Ainda sabendo que será difícil evitar algum esquecimento, registro também o meu agradecimento para: Flavio Rissato Adorno, Marcele Ito Bueno, Pedro Byington, Marina Dalul, Bruno D'Angelo, Daniela M. Ferraz, Camila Cristina Ferreira, Beatriz Garcia Jordão, Maria Cecília Ferreira Kagueyama, Soji Koshimizu, Ricardo Morais, Vivian Kass Mwosa, Gustavo Simões Picarelli, Ricardo A. Ramos e Luciana Santos.

Agradeço aos meus pais, à minha irmã Flávia Junqueira Angulo e a todos os meus familiares pelo grande incentivo, apoio e colaboração.

Pelo amor e companheirismo, dedico este livro a Flávia Adriana.

Sumário

Introdução — 3
    Entendendo este livro — 5
    Como os sites foram escolhidos — 5
    Como os sites foram organizados — 6
    Como cada site é apresentado — 7
    Boa viagem — 8

PARTE I
ELABORANDO O SEU PLANEJAMENTO FINANCEIRO PESSOAL

CAPÍTULO 1 — Conceitos Iniciais — 11
    Por que planejar suas finanças? — 12
    Educação financeira — 22
    Educação financeira para crianças e jovens — 30

CAPÍTULO 2 — Avaliando sua Situação Atual — 36
    Orçamento — 37
    Impostos — 58
    Dívidas — 67
    Consumo — 77

CAPÍTULO 3 — Criando o seu Plano — 86

PARTE II
INVESTIMENTOS

CAPÍTULO 4	Conceitos Iniciais sobre Investimentos	99
CAPÍTULO 5	Economia	107
CAPÍTULO 6	**Produtos de Investimento**	**119**
	Títulos	120
	Fundos	124
	Ações	135
	Derivativos	170
CAPÍTULO 7	Aposentadoria	174
CAPÍTULO 8	Informação	181

PARTE III
PROTEGENDO O SEU PLANO

CAPÍTULO 9	Seguros	197
CAPÍTULO 10	Planejamento Fiscal e Sucessório	204

PARTE IV
TROCANDO IDÉIAS

CAPÍTULO 11	Blogs	215
CAPÍTULO 12	Fóruns de Discussão	234
	O site número 101	243

Coleção EXPO MONEY

Introdução

A Internet tem tudo para ser o seu ponto de apoio na conquista do sucesso financeiro. Do nível básico ao avançado de conhecimento, do orçamento ao investimento em ações, você encontrará conteúdo extenso e de qualidade com tudo o que precisa saber para montar o seu projeto financeiro: são textos didáticos, notícias, áudios, vídeos e até cursos. Como se não bastasse, ela permite interagir também com diferentes ferramentas, planilhas e simuladores disponíveis. E, por fim, um ponto fundamental, a Internet é comunidade; você encontrará diversos blogs e fóruns de discussão para trocar idéias e tomar contato com muitos olhares sobre o planejamento financeiro. Conteúdo, interação e comunidade, com qualidade. E, acredite, grátis!

Isso mesmo: conteúdo, interação e comunidade, com qualidade. Totalmente grátis!

É bem capaz que você esteja muito empolgado com tudo o que a Internet oferece para auxiliá-lo na conquista do sucesso financeiro, mas também pode estar cheio de dúvidas:

"Conteúdo grátis, como é possível?"

"A Internet é muito ampla, como saber o que é mesmo de qualidade?"

"Sei que posso me beneficiar da Internet para elaborar meu projeto financeiro, mas não faço idéia por onde começar e também nem sei exatamente o que são projeto financeiro ou planejamento financeiro ou sucesso financeiro ou independência financeira... Como fazer?"

ou então

"Já tenho meu plano pronto, a Internet pode me ajudar? Como?"

Essas dúvidas são freqüentes e muito pertinentes. Afinal, imagine que você tenha ganhado uma viagem surpresa e com tudo pago, ou seja, uma viagem grátis. É surpresa, logo, tudo o que você sabe é que irá para uma cidade fantástica, milhões de habitantes, centenas de restaurantes (sendo alguns os melhores do mundo), shows diversos, espetáculos imperdíveis, monumentos históricos e o melhor: museus com coleções sensacionais.

Você, então, feliz da vida com o prêmio, pergunta: *"viagem grátis, como é possível?"*. Fácil, foi aquele cupom preenchido no mês passado no supermercado. Não há o que questionar, o supermercado é um dos maiores do Brasil: a viagem vai ser de qualidade. Mas e os restaurantes, shows, espetáculos, como saber quais os melhores? E os museus, como visitar se o seu forte não é história da arte?

Um guia de viagens com bons mapas e recomendações, comprado imediatamente ao pôr os pés na cidade surpresa, é a solução. E em alguns poucos dias, você se admira: já conheceu bons restaurantes, foi a um espetáculo musical, teve uma experiência e tanto no museu e o que parecia impossível: domina o metrô, como se morasse há anos na cidade. Pense bem, na certa você já teve uma experiência parecida, seja em uma cidade grande, pequena ou mesmo em um shopping. No começo, mal entendia onde cada loja ficava e hoje domina o local.

Na Internet, não é diferente. A sua viagem grátis, ou seja, o conteúdo, as ferramentas disponíveis são patrocinadas ou por instituições governamentais, fundações, institutos e ONGs que têm dentre seus objetivos educar financeiramente a população; ou por empresas, consultores e especialistas que percebem o conteúdo gratuito como uma divulgação do seu negócio. Há também aqueles sites que têm como fonte de renda a publicidade, tal como a televisão que oferece seus programas gratuitamente e tem como renda os anúncios nos intervalos.

Também não é diferente a dificuldade de escolha. Tal como as diversas atrações da cidade mencionada, o volume de conteúdo sobre finanças pessoais na Internet é imenso. Como saber quais os melhores sites? Por onde começar? A resposta para estas perguntas está neste livro: *SuasFinanças.com* é o seu guia oficial de viagem, indicando, comentando e explicando como utilizar as melhores referências da Internet sobre finanças pessoais.

Entendendo este livro

Para que você utilize bem este livro, é importante entender como foi a sua elaboração, principalmente a escolha dos sites, sua categorização e como ele foi escrito.

Como os sites foram escolhidos

Esqueça (por um instante) a viagem grátis para a cidade surpresa e pense na sua própria cidade. Como criar um guia de viagem para ela? Um possível caminho é definir as áreas a serem abordadas, por exemplo, restaurantes, monumentos, museus, hotéis, ou seja, tudo o que é importante ao turista. Feito isso, o próximo passo é descobrir quais são os restaurantes, monumentos, museus, hotéis disponíveis. É um trabalho e tanto, mas com pesquisa, tempo, uso da própria experiência de morador, consulta a publicações especializadas, entrevistas com profissionais de turismo etc., você chega lá! Reunida sua lista, uma alternativa é visitar os estabelecimentos e, finalmente, utilizando determinados critérios (no caso dos hotéis, por exemplo, os critérios podem ser: preço, limpeza, atendimento), emitir seu parecer.

A construção deste livro seguiu essa lógica. As áreas escolhidas foram aquelas que fazem parte do planejamento financeiro pessoal: planejamento financeiro em geral, investimentos, seguros, previdência, planejamento sucessório e planejamento fiscal. Esta divisão teve como referência as áreas do planejamento financeiro pessoal mencionadas pelo IBCPF (Instituto Brasileiro de Certificação de Profissionais Financeiros), entidade organizadora do exame CFP™ (Certified Financial Planner ou, em bom português, Planejador Financeiro Certificado), no Brasil.

Consultas a revistas, jornais, blogs, mecanismos de busca, entrevistas com profissionais da área financeira e a experiência prévia do autor na área resultaram em uma lista de mais de 200 sites brasileiros sobre finanças pessoais em geral. Visitados os sites os seguintes critérios foram observados:

- ☐ Credibilidade e histórico da fonte.
- ☐ Utilidade prática.
- ☐ Gratuidade.
- ☐ Importância do conteúdo oferecido no contexto do livro, tendo como objetivo cobrir todas as áreas do planejamento financeiro familiar.

E assim, chegou-se à lista dos sites contidos no livro.

Como os sites foram organizados

A organização é de simples compreensão. Respeitou-se a classificação do IBCPF, já mencionada, que engloba todo conteúdo necessário para a elaboração de um plano financeiro.

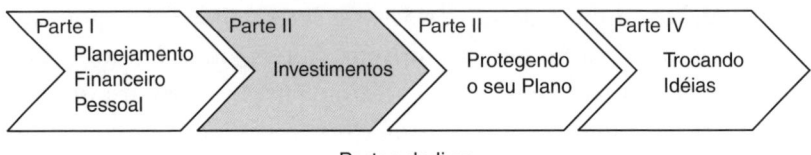

Parte I	Parte II	Parte II	Parte IV
Planejamento Financeiro Pessoal	Investimentos	Protegendo o seu Plano	Trocando Idéias

Partes do livro

Cada parte, por sua vez, é detalhada em capítulos, como demonstrado a seguir. O objetivo é guiar o leitor na construção do seu planejamento financeiro por meio da Internet.

Assim, a **Parte I** aborda **Conceitos Iniciais** sobre o próprio planejamento financeiro, passando pela **Avaliação da sua Situação Financeira Atual** e pela **Criação do Plano Financeiro**. Segue-se, então, para a implementação do projeto por meio da **Parte II Investimentos**. **Seguros, Planejamento Fiscal e Sucessório** fazem parte da terceira parte do livro, chamada **Protegendo o seu Plano**; e, por fim, **Trocando Idéias** inclui **Blogs** e **Fóruns**.

Repare que a **Parte II, Investimentos**, encontra-se em destaque. Trata-se da parte mais extensa do livro. Sim, a Internet é uma excelente alternativa para aprender mais e manter-se atualizado sobre o mundo dos investimentos.

Por fim, é fundamental observar que um mesmo site pode abordar mais de um assunto, por exemplo, apresentando conteúdo sobre planejamento financeiro pessoal e também sobre

Introdução Coleção **EXPO MONEY**

investimentos. A classificação de um site em um capítulo ou outro levou em consideração qual o seu grande destaque e em qual área se enquadrava. No entanto, é fato, muitos sites apresentam vários grandes destaques sobre diferentes temas (o que é muito bom para o leitor!) e todos eles estão mencionados. Assim, a recomendação é: leia o livro todo, para ter a visão de tudo o que a Internet pode oferecer.

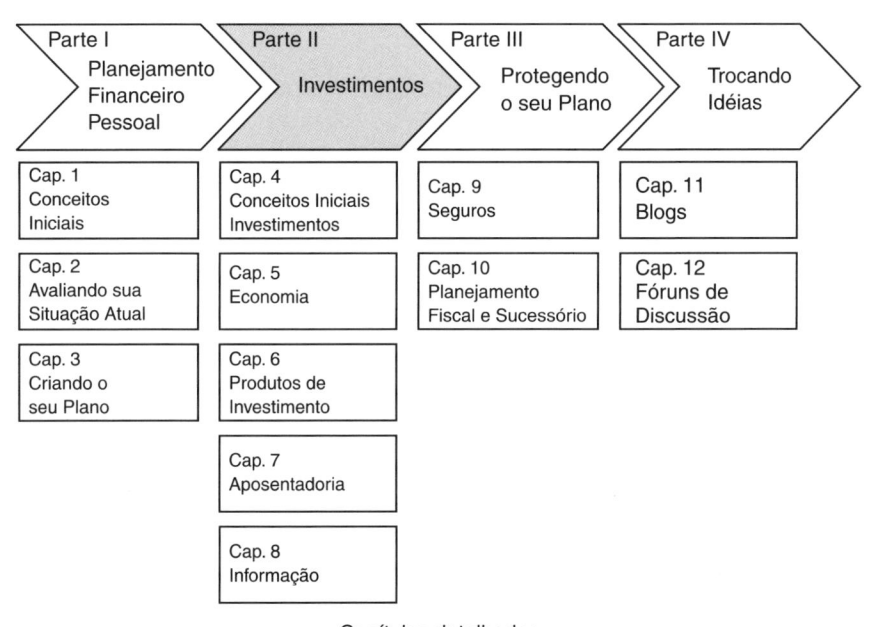

Parte I Planejamento Financeiro Pessoal	Parte II Investimentos	Parte III Protegendo o seu Plano	Parte IV Trocando Idéias
Cap. 1 Conceitos Iniciais	Cap. 4 Conceitos Iniciais Investimentos	Cap. 9 Seguros	Cap. 11 Blogs
Cap. 2 Avaliando sua Situação Atual	Cap. 5 Economia	Cap. 10 Planejamento Fiscal e Sucessório	Cap. 12 Fóruns de Discussão
Cap. 3 Criando o seu Plano	Cap. 6 Produtos de Investimento		
	Cap. 7 Aposentadoria		
	Cap. 8 Informação		

Capítulos detalhados

Como cada site é apresentado

Cada site é apresentado com a seguinte estrutura:

Número do Site e Nome do Site

`Endereço na Internet (por exemplo: http://www...)`

CATEGORIAS

Palavras-chave relacionadas ao site citado.

DESCRIÇÃO

O que é o site e o que oferece em termos gerais.

DESTAQUES

O que há de melhor no site.

TÍTULO DO DESTAQUE

○ Descrição.

➡ Passo a passo para encontrar o **Destaque** mencionado no site (por exemplo: Passo 1 >> Passo 2 >> Passo 3).

CASO PRÁTICO

Exemplos, por meio de casos práticos, de como utilizar os destaques do site.

DICA DO CONSULTOR

Orientação sobre determinado tópico de finanças pessoais mencionado ao longo da indicação do site. O item **Dica do consultor** apresenta ainda conceitos que podem ser desconhecidos para o leitor, como por exemplo, conceito de taxa de juros real, conceito de análise fundamentalista de ações etc.

Por exemplo, se você se identificou com a dúvida mencionada no início desta introdução: "(...) *também nem sei exatamente o que são projeto financeiro ou planejamento financeiro ou sucesso financeiro ou independência financeira... (...)*", a **Dica do consultor** fará o trabalho de explicar didaticamente o que significam os termos, sempre com o viés da prática, da utilização no dia-a-dia.

Boa viagem

Leia o livro, acesse os sites, utilize os recursos disponíveis na Internet a favor das suas finanças. Aproveite a oportunidade. Boa viagem!

PARTE I
Elaborando o seu Planejamento Financeiro Pessoal

CAPÍTULO 1: Conceitos Iniciais

CAPÍTULO 2: Avaliando sua Situação Atual

CAPÍTULO 3: Criando o seu Plano

CAPÍTULO 1

Conceitos Iniciais

Ao pensar em planejamento financeiro, há uma tendência forte para logo imaginar a definição dos investimentos ou a elaboração do orçamento doméstico. Os investimentos e o orçamento, são, é claro, dois importantes itens de um planejamento. Porém, o passo inicial – tal como na construção de um prédio – é criar uma sólida fundação. A fundação é formada pelo que chamamos de conceitos iniciais sobre planejamento financeiro e finanças pessoais.

Para facilitar a leitura, o capítulo **Conceitos Iniciais** foi subdividido. O grupo "Por que planejar suas finanças?" apresenta conceitos básicos sobre planejamento, mostrando sua importância nas diferentes etapas da vida. Já o grupo "Educação Financeira", inclui sites para o leitor se familiarizar com o tema dinheiro e também, por meio da chamada psicologia econômica, apresenta caminhos para o leitor avaliar a própria relação com o dinheiro e suas decisões econômicas. Por fim, "Educação Financeira para Crianças e Jovens", aborda questões das finanças pessoais com o olhar dos mais jovens, muito útil para pais e filhos.

Por Que Planejar suas Finanças?

Site 1   Financenter
http://www.financenter.com.br

CATEGORIAS

Planejamento financeiro pessoal, seguros, previdência, calculadoras, finanças pessoais, orçamento doméstico.

DESCRIÇÃO

Financenter é um site sobre planejamento financeiro pessoal. Entre seus colaboradores, conta com Louis Frankenberg, CFP™, renomado planejador financeiro no Brasil, além de outros planejadores também certificados. O destaque é o conteúdo sobre planejamento financeiro.

DESTAQUES

☐ **Planejamento financeiro pessoal: faça você mesmo**
- A seção **Planejamento Financeiro** é dividida em "Planejamento de suas Finanças" e "Orçamento Familiar". Vale a leitura dos vários artigos sobre o tema, com destaque para "Faça você mesmo", "Por que planejar as finanças pessoais?" e "Organize sua vida financeira".
  ➡ http://www.financenter.com.br >> Planejamento Financeiro (menu à esquerda) >> Planejamento de suas Finanças ou Orçamento Familiar >> Encontre links para os artigos na parte inferior da página.

☐ **Calculadoras**
- A seção **Calculadoras** do Financenter apresenta calculadoras com temas diferenciados. Por exemplo, "Planejamento de seu seguro de vida" e "Criar um filho".
  ➡ http://www.financenter.com.br >> Calculadoras (menu à esquerda)

CASO PRÁTICO

O primeiro filho e a preocupação com o seguro de vida

Guilherme, 29 anos, advogado, comemora a chegada de seu primeiro filho. É o principal provedor da família e pensa em fazer um seguro de vida. Os objetivos com o seguro são: garantir o sustento da família por determinado período na sua eventual falta e também o investimento na educação do filho, Lucas. Para calcular o valor do seguro necessário, Guilherme utiliza a calculadora **Planejamento de Seu Seguro de Vida** do Financenter.

Após acessar a calculadora, Guilherme preenche os campos:

- [ ] Valor da reserva financeira desejada: R$100.000. Reserva calculada por Guilherme para ser investida na educação de Lucas até a conclusão do 2º grau. Guilherme utilizou a calculadora **Criar um filho** para calcular o valor.
- [ ] Prazo para manutenção do padrão de vida: cinco anos. Uma das alternativas para estimar este prazo é imaginar quantos anos serão necessários para a família se recuperar da perda do provedor.
- [ ] Principais gastos mensais da família: R$3.500.
- [ ] Principais receitas da família: R$3.000 de Guilherme e R$2.000 da esposa. Utilize sempre os valores líquidos dos salários (após impostos e descontos).
- [ ] Patrimônio: R$10.000 em investimentos e R$15.000 no FGTS.
- [ ] Seguros existentes: Guilherme não possui seguros já contratados.

Balanceamento Mensal	
Gastos Mensais da Familia	(3.500,00)
Receitas Mensais da Familia	2.000,00
Gastos menos Receitas	(1.500,00)
Resumo	
Patrimônio Financeiro Líquido	25.000,00
Valor Necessário para manter Padrão	(90.000,00)
Gastos Finais e Reserva Financeira	(100.000,00)
Valor Recomendado para seu Seguro de Vida	
CAPITAL SEGURADO Ideal para atender seu Planejamento	165.000,00
SEGURO DE VIDA existente	-

Com os dados inseridos, a calculadora aponta o resultado: Guilherme deve fazer um seguro de vida com o capital segurado de R$165.000. Pronto, ele já pode telefonar para seu corretor de seguros e solicitar cotações de diferentes seguradoras.

DICA DO CONSULTOR

Afinal, o que é planejamento financeiro?

Planejamento financeiro é um processo em que, após traçados os objetivos financeiros de uma família (por exemplo: aquisição de uma casa de R$100.000 aos 35 anos ou aposentar-se aos 60 anos com renda de R$2.500 por mês), é elaborado um plano para alcançar estes objetivos. É um trabalho generalista, ou seja, para montar o plano são abordadas diferentes áreas: orçamento, investimentos, previdência, seguros, planejamento sucessório e fiscal. Todas essas áreas são abordadas no livro *SuasFinanças.com*.

Site 2   Finanças Práticas

http://www.financaspraticas.com.br

CATEGORIAS

Educação financeira, planejamento financeiro pessoal, finanças pessoais, dívidas, crédito, orçamento, simuladores.

DESCRIÇÃO

Site mantido pela operadora de cartões de crédito Visa. Faz parte da estratégia de responsabilidade social da empresa. Tem como objetivo educar os consumidores sobre como administrar suas finanças. Trata-se de um site sobre planejamento financeiro pessoal. Uma fonte rica de textos e simuladores que, na certa, ajudarão o leitor a traçar os rumos das suas finanças.

DESTAQUES

☐ **Diferentes etapas da vida, diferentes preocupações financeiras.**
- O Finanças Práticas, de fato, faz valer a palavra prática. Ensina sobre finanças mencionando os desafios do leitor. Um dos destaques é apontar ao internauta como lidar com suas finanças em diferentes etapas da vida. Por exemplo, a preocupação de um universitário é diferente da necessidade daquele que está prestes a ter o primeiro filho. Assim, o site apresenta orientações para as diferentes fases: "Ensino Superior, Primeiro Emprego, Compra de um Carro, Compra/Aluguel de casa, Casamento, Primeiro Filho, Enfrentar o Inesperado, Aposentadoria, Educação Financeira, Começando a Investir, Independência Financeira."
➡ http://www.financaspraticas.com.br >> Etapas da Vida >> Escolha a etapa >> Navegue pelo menu da esquerda. Por exemplo, a etapa **Casamento** apresenta as seguintes subseções: "Acordos pré-nupciais, Começando a vida financeira juntos, Planejamento de metas e carreiras, A reunião financeira familiar anual, Juntos ou separados?, Divórcio, Morte de um cônjuge."

☐ **Planejamento financeiro pessoal passo a passo**
- Muito se fala sobre planejamento financeiro pessoal. Mas, por onde começar? Um bom roteiro é fornecido pelo site na seção **O processo de planejamento**. Alguns itens do roteiro são: "Defina metas, Faça um plano, Como fazer o seu planejamento?, Estabe-

leça prioridades em seu orçamento, Que tal aprender a poupar?, Reserva de emergência: construa a sua!, Planejamento financeiro ajuda a realizar sonhos."

➡ http://www.financaspraticas.com.br >> Elaboração de um Orçamento >> O Processo de Planejamento >> Navegue pelo menu à esquerda.

☐ **Ninguém nasce sabendo: aprendendo a utilizar os serviços bancários**
○ Como ler um extrato bancário? Como preencher um cheque? Conta corrente ou conta poupança? O Finanças Práticas oferece este tipo de orientação.

➡ http://www.financaspraticas.com.br >> Serviços Bancários >> Serviços bancários >> Navegue pelo menu à esquerda.

☐ **Livrando-se das dívidas**
○ Orientações sobre crédito e dívidas também são fornecidas. Atente para a seção **Recupere sua saúde financeira** que contém os itens "Como limpar seu nome" e "Como administrar uma crise financeira".

➡ http://www.financaspraticas.com.br >> Entenda o crédito >> Recupere sua saúde financeira >> Navegue pelo menu à esquerda.

☐ **Simuladores**
○ O site conta com um bom acervo de calculadoras, atividades práticas e questionários. Entre os questionários destaca-se o fato de que cada resposta é comentada. Alguns exemplos são os questionários: "Veja se sua família se entende quando o assunto é dinheiro!" e "Vida Financeira do Casal".

➡ http://www.financaspraticas.com.br >> Simuladores (menu à esquerda).

CASO PRÁTICO

Pedro e o seu primeiro carro

Dezenove anos, jovem universitário, Pedro está eufórico: foi aprovado no programa de estágio daquela superempresa para a qual sempre sonhou em trabalhar. Receberá R$ 1.000 (um mil) por mês. Para comemorar, resolveu realizar seu outro sonho: a compra de um carro.

Precavido, pesquisou quais os custos que teria para manter o carro mensalmente. Neste sentido, o site financaspraticas.com.br lhe foi muito útil. Veja, a seguir, os cálculos de Pedro com a ajuda da planilha disponível:

Valor do Carro de Pedro	R$ 25.000,00	
Despesas Fixas		
Licenciamento, lacração, IPVA, Seguro Obrigatório	R$ 1.000,00	por ano
Custos anuais de seguros	R$ 1.000,00	por ano
Depreciação (perda de valor anual do carro)	R$ 2.500,00	por ano
Despesas Variáveis		
Combustível	R$ 2.400,00	por ano
Pneus, manutenção, reparos	R$ 500,00	por ano
Estacionamento	R$ 1.200,00	por ano
Multas	R$ -	
Total Geral	R$ 8.600,00	por ano
Total Geral	R$ 716,67	por mês

Pedro estimou que o seguro e gastos com licenciamento seriam da ordem de 4% do valor do veículo cada um ao ano. Optou também por colocar – corretamente – a depreciação na conta. Afinal, o custo com a perda de valor do carro deve ser considerado. Estimou a depreciação em 10% ao ano. Ou seja, após um ano de uso, o carro de R$25.000 valeria R$22.500. Chegou, então, ao resultado de R$8.600 por ano apenas para manter o carro. O equivalente a R$716 por mês!

Pedro ainda teria que financiar o carro. Era um fato: o carro dos sonhos não cabia no seu orçamento. Prudente, Pedro decidiu não comprar o carro e fazer uma poupança para adquirir, no futuro, um carro mais barato, à vista!

Etapas da vida: o neto e o avô aplicando na bolsa?

Renato, 22 anos, é jovem estudante de administração. Motivado pelas aulas de finanças, vem aplicando suas economias na Bolsa. Orgulhoso, mostrou a seu avô seu bom desempenho na Bovespa.

O avô de Renato tem 75 anos, é médico aposentado e pouco entende de finanças. Vive da renda de aluguéis e também dos rendimentos de uma poupança que formou ao longo da vida. Os aluguéis garantem, após os impostos, R$3.000 por mês; a poupança de R$400.000 vem apresentando ganhos reais de 0,6% ao mês, após os impostos, lhe garantindo outros R$2.400 mensais (R$400.000 × 0,6% = R$2.400).

Os aluguéis e os juros totalizam R$5.400 mensais e são suficientes para cobrir os R$5.000 de despesas mensais do avô de Renato. Embora satisfeito com sua situação financeira, o avô, impressionado com o desempenho das ações, pergunta ao neto se não seria uma boa resgatar sua aplicação do fundo de renda fixa e aplicar tudo em um bom fundo de ações.

Corretamente, Renato explica ao avô que ele jamais deveria colocar toda a poupança em investimentos de risco como ações. Em primeiro lugar, o avô apresenta situação financeira estável, as receitas cobrem tranqüilamente as despesas. Logo, para que correr risco? Em segundo lugar, o avô, pela idade e por depender da poupança para sobreviver, deve aplicar em investimentos seguros. Renato explica que ele é diferente, seus 22 anos permitem adotar posturas de investimento mais arriscadas.

DICA DO CONSULTOR
Vale a pena investir em ações?

A pergunta "vale a pena investir em ações?" é bastante freqüente. Muitos podem já traçar cenários, comentar sobre a economia e falar das empresas para justificar ou não um investimento em ações. No entanto, do ponto de vista do planejamento financeiro, um primeiro item a se observar é o momento de vida em que você se encontra. Quanto mais jovem, maior a predisposição para investimento de riscos, afinal, estará se fazendo um investimento de longo prazo, com tempo suficiente para se recuperar de eventuais perdas no mercado acionário. Por isso, vale a leitura da seção **Etapas da Vida** do Finanças Práticas.

Conceitos Iniciais | Coleção **EXPO MONEY**

Site 3 — IBCPF – Instituto Brasileiro de Certificação de Profissionais Financeiros

http://www.ibcpf.org.br

CATEGORIAS

Planejador financeiro pessoal, planejamento financeiro, consultor financeiro.

DESCRIÇÃO

O IBCPF (Instituto Brasileiro de Certificação de Profissionais Financeiros) é a entidade, no Brasil, que certifica os planejadores financeiros pessoais, com um título denominado CFP™ (Certified Financial Planner) ou Planejador Financeiro Certificado, em bom português. O certificado é uma garantia de que o profissional passou em um extenso exame sobre todas as áreas do planejamento financeiro pessoal (investimentos, seguros, previdência, planejamento tributário e sucessório), além de aderir ao código de ética dos profissionais CFP™, que, entre outros princípios, garante confidencialidade e isenção nas recomendações. O site do IBCPF é útil para os que desejam contar com o apoio de um planejador financeiro profissional.

DESTAQUES

☐ **Encontre um planejador financeiro que atue no seu estado.**
  ○ Se você está em busca de um planejador financeiro, o site do IBCPF possui uma listagem com todos os profissionais certificados. A ferramenta de busca permite descobrir quais profissionais atuam no seu estado.
    ➡ http://www.ibcpf.org.br >> Associados (menu à esquerda) >> Relação dos Associados (à direita). No item Associados Pleno, clique em "Veja aqui a relação completa desses profissionais". Finalmente, escolha o seu estado no formulário e clique em buscar. Para visualizar os dados de contato do planejador, basta clicar no respectivo nome.

CASO PRÁTICO

Vitor quer um "médico" para as suas finanças. Como contratar um?

Vitor tem 55 anos. É ávido leitor de livros, revistas e sites sobre finanças pessoais. Ele próprio, com a ajuda de livros e da Internet, construiu o seu plano financeiro. De todo modo, a proximidade da aposentadoria fez com que Vitor procurasse um planejador financeiro pessoal para revisar seu plano e confirmar se estava no caminho certo.

Pois bem, entrou no site do IBCPF, encontrou os planejadores de sua cidade e agendou reuniões. Surgiram, então, as dúvidas: "Como contratar um planejador financeiro?", "O que devo perguntar?". Muito organizado, Vitor criou uma série de perguntas para comparar os planejadores.

Forma de Remuneração
- ☐ Como é cobrado o serviço? É por hora? Uma taxa fixa? Uma porcentagem do patrimônio? Uma consulta pontual?
- ☐ Há uma estimativa de quanto eu vou gastar?
- ☐ Qual a freqüência de pagamentos? (mensal, trimestral, anual)

Credenciais e Experiência
- ☐ Atentar para certificações, formação acadêmica e registro em órgãos como a CVM (Comissão de Valores Mobiliários);
- ☐ O planejador já fez algum trabalho parecido com o que estou pedindo?
- ☐ Há quantos anos o planejador atua na área de finanças pessoais?

Operacional
- ☐ Que tipo de informação devo fornecer?
- ☐ O que posso esperar como retorno? Relatórios, análises? Com qual freqüência?
- ☐ Com qual freqüência irei encontrar o planejador?

Vitor está no caminho certo. As perguntas são importantes para escolher o planejador que atenda melhor às suas necessidades.

DICA DO CONSULTOR

Entendendo as qualificações de um planejador financeiro

A certificação CFP™ é uma certificação de distinção, ou seja, não há obrigatoriedade de possuí-la para exercer a atividade de planejador financeiro pessoal; porém, a certificação distingue o profissional. Da mesma forma que uma excelente formação acadêmica na área de finanças ou economia também comprova a qualificação de um profissional planejador. Agora, caso o foco do trabalho sejam os investimentos e não o planejamento, há a obrigatoriedade do registro do profissional junto à CVM (Comissão de Valores Mobiliários), como agente autônomo de investimentos, analista de valores mobiliários ou consultor de valores mobiliários.

Coleção EXPO MONEY   SuasFinanças.com

Educação Financeira

Site 4   Expo Money

http://www.expomoney.com.br

CATEGORIAS

Finanças pessoais, investimentos, ações, educação financeira, palestras, artigos, planejamento financeiro pessoal.

DESCRIÇÃO

A Expo Money é um evento voltado à educação financeira e investimentos. Acontece em diversas cidades do Brasil e tem como destaques: palestras sobre finanças gratuitas e uma feira com dezenas de expositores, todos relacionados ao universo das finanças. No Web site da Expo Money, é possível encontrar o espírito da feira por meio dos slides das palestras realizadas.

DESTAQUES

- **Os slides dos especialistas**
  - A Expo Money disponibiliza em seu site os slides de grande parte das apresentações realizadas no evento. Por exemplo, acessando o site da última Expo Money, em São Paulo, é possível ter acesso aos slides da palestra de Gustavo Cerbasi: "Casais Inteligentes Enriquecem Juntos" e "Como Conquistar e Manter a sua Independência Financeira"; de William Eid Júnior: "Selecionando um Fundo de Investimento"; de Vera Rita de Mello Ferreira: "Decisões Econômicas e as Emoções", entre outras.

    ➡ http://www.expomoney.com.br >> Selecione a Expo Money que deseja rever (no menu à esquerda em reveja) >> *Download* das palestras >> Escolha a palestra desejada.

- **Escolhendo a palestra certa para você: básica, média ou avançada**
  - Ao assistir uma palestra na Expo Money ao vivo ou mesmo fazendo o *download* dos slides, faça a escolha pelo nível de dificuldade. Acesse a "Grade das Palestras Gratuitas", e lá você encontrará a classificação básica para palestras como "As Armadilhas do Consumo" e avançada para, por exemplo, "Long-Short – Operações com Ações do Setor Elétrico".

➡ http://www.expomoney.com.br >> Selecione a Expo Money que deseja rever (no menu à esquerda em reveja) >> Palestras gratuitas >> Clique aqui e veja a Grade das Palestras Gratuitas.

- ☐ **Assista a palestras direto do seu computador**
  - ○ Que tal assistir a algumas palestras da Expo Money direto do seu computador? O serviço **Money Vídeo** oferece esta possibilidade.

    ➡ http://www.expomoney.com.br >> Money Vídeo: palestras em vídeo (em Canais) >> Cadastre-se.

CASO PRÁTICO

A que palestras assistir

Mariana decidiu: este ano tudo será diferente. Nada de cheque especial e pagamento mínimo no cartão de crédito. A jovem veterinária deseja se tornar uma poupadora. Convicta, decide assistir às palestras da próxima Expo Money. Ao acessar o site do evento, Mariana descobre dezenas de palestras gratuitas, com os mais variados temas; e surge a dúvida: a que palestras assistir?

O namorado de Mariana, recém-formado em administração, sugere:

- ☐ Como Mariana é iniciante no estudo das finanças, deve selecionar as palestras de nível básico. As palestras da Expo Money são classificadas em básica, média ou avançada;
- ☐ Pensar na principal questão financeira a solucionar e escolher palestras sobre o tema. Controlar o orçamento é a questão de Mariana. Assim, palestras básicas sobre orçamento e planejamento financeiro pessoal deve ser o foco.

Seguindo o conselho do namorado, Mariana monta a sua grade de palestras e, com visão de longo prazo, pensa: "este ano é do orçamento, mas, ano que vem, as palestras sobre investimentos que me aguardem!".

DICA DO CONSULTOR

Expo Money: a versão americana

A título de curiosidade, vale visitar o site da *The World Money Show*, a maior feira dos EUA sobre finanças pessoais. O site é *http://www.moneyshow.com*. A feira, que acontece todo mês de fevereiro, em Orlando, Flórida, recebe mais de 10.000 visitantes estrangeiros todo ano.

Site 5 Sinergia

http://www.sinergianet.com.br

CATEGORIAS

Dinheiro, educação financeira, comportamento.

DESCRIÇÃO

Web site da escritora e palestrante Glória Pereira, autora dos livros *A energia do dinheiro* e *As personalidades do dinheiro*. O site apresenta diferentes textos sobre dinheiro e comportamento, tendo como base a ótica da autora. Os testes disponíveis no site são os destaques.

DESTAQUES

☐ **Testando a sua inteligência financeira**
  ○ Dois testes são disponíveis para o leitor avaliar sua relação com as finanças: "Teste sua inteligência financeira" e "Confira seu tipo emocional no trato com dinheiro".
  ➡ http://www.sinergianet.com.br >> Faça seu teste (menu à esquerda) >> Escolha o teste a ser feito.

CASO PRÁTICO

Inteligência Financeira: Denis precisa melhorar

Para avaliar o modo como lida com o dinheiro, Denis fez o teste **Inteligência Financeira**. O jovem professor gostou das perguntas: "Neste ano, o que acha que vai acontecer com seu patrimônio?"; "Quando você pensa no planejamento do orçamento mensal, o que sente?" ou "Quais dos seguintes sonhos você pretende realizar nos próximos dois anos?" são alguns exemplos. Foi a primeira vez que Denis se viu pensando no seu planejamento financeiro.

O resultado do teste, como já imaginado pelo professor, não foi dos melhores: "Há vários aspectos a melhorar (...)"; mas tudo bem. Denis sabe que para cuidar melhor do seu dinheiro, o melhor caminho é investir na sua educação financeira, por meio de livros, sites e palestras. E isso, ele já começou a fazer.

DICA DO CONSULTOR

Entendendo como você lida com as suas finanças

Este livro traz indicações de diversos testes sobre finanças pessoais. Eles são uma ótima oportunidade para você refletir sobre sua situação financeira e sobre a maneira como lida com o dinheiro. Assim, além de aprender com o resultado dos testes, preste atenção nas perguntas, leia as diferentes alternativas e coloque em prática medidas para melhorar a sua situação.

Site 6 Professora Vera Rita de Melo Ferreira – Psicologia Econômica

http://www.verarita.psc.br

CATEGORIAS

Psicologia econômica, finanças comportamentais, psicologia, funcionamento mental e dinheiro, psicanálise.

DESCRIÇÃO

O Web site da psicanalista, professora e consultora Vera Rita de Melo Ferreira é a referência, no Brasil, quando se trata de "Psicologia econômica" (saiba mais sobre a psicologia econômica mais adiante, em **Dica do consultor**). Rico em conteúdo, o site ajuda o leitor a despertar para o fato de que a relação com dinheiro, trabalho e finanças em geral tem também uma forte dimensão emocional envolvida.

DESTAQUES

☐ **Psicologia econômica no dia-a-dia**
- Todos os artigos publicados pela Professora Vera Rita na grande mídia (por exemplo: jornal *Valor Econômico* e revista *Exame*) são disponibilizados em uma seção do site. Ótima oportunidade para entender a sua relação com as finanças do ponto de vista da psicologia, em linguagem acessível. "Pensando os investimentos" e "Por que o endividamento das pessoas tem crescido?" são exemplos de textos disponíveis.
  ➡ http://www.verarita.psc.br >> Psicologia Econômica (menu superior) >> Artigos na Mídia (à direita no canto superior).

☐ **Como tornar bom um mau negócio?**
- Texto muito interessante em que autora descreve a sua experiência no trabalho de "consultoria em gestão de vida profissional". Pode ser interpretado como uma "amostra grátis" do trabalho de consultoria.
  ➡ http://www.verarita.psc.br >> Consultoria (menu superior) >> Busque o link para o artigo "A insatisfação frente ao trabalho – como tornar bom um mau negócio?" (meio do texto).

☐ **Psicologia econômica: nível avançado!**
- Se você gostou do assunto e deseja aprofundar seus conhecimentos sobre psicologia econômica, a Professora Vera Rita disponibiliza para *download* sua tese de doutorado intitulada "Psicologia Econômica: origens, modelos, propostas".

➡ http://www.verarita.psc.br >> Psicologia Econômica (menu superior) >> Siga as instruções para *download* da tese.

CASO PRÁTICO
O meu apartamento vale mais

Vai fazer um ano que Dona Margarida, funcionária pública aposentada, mudou-se para o interior e colocou seu apartamento à venda. Dona Margarida pede R$260 mil; os corretores insistem que o apartamento do andar de baixo, em igual conservação, foi vendido por R$230 mil; mas Dona Margarida não abre mão. Enquanto isso, as contas do condomínio e IPTU chegam mensalmente. Se tivesse vendido o apartamento antes por R$230 mil, aplicado o dinheiro e eliminado as despesas do condomínio e IPTU, na certa, já teria mais.

O caso de Dona Margarida pode ser explicado pela psicologia econômica através do chamado "efeito posse", em que as pessoas tendem a superestimar o valor do que é delas. Se ela estudasse psicologia econômica, eventualmente, poderia perceber que estava sendo vítima do chamado "efeito posse" e, assim, tomar uma decisão financeira mais eficiente.

DICA DO CONSULTOR
Psicologia econômica: o que é e para que serve?

Vale a pena o leitor atentar para o termo **psicologia econômica**. Embora no Brasil seja um campo de estudo bastante novo, a psicologia econômica já existe há muito tempo na Europa e em outros continentes. Utilizando a definição da própria Professora Vera Rita, o objeto de estudo da psicologia econômica é o comportamento econômico dos indivíduos ou como tomamos decisões econômicas. Dentro do possível, compreender alguns funcionamentos pessoais que levam à tomada de decisões econômicas é, na certa, fundamental para o êxito financeiro.

Esta **Dica do consultor** e o **Caso prático** foram baseados no livro *Decisões econômicas: você já parou para pensar?* também da Professora Vera Rita.

Site 7 — Dinheiro e Comportamento

http://www.dinheiroecomportamento.com.br

CATEGORIAS

Psicologia econômica, economia, psicologia, decisões econômicas.

DESCRIÇÃO

A revista eletrônica Dinheiro & Comportamento foi criada por um grupo de profissionais e acadêmicos de diversas áreas que, em algum ponto, têm relação com Psicologia e/ou Economia. Apresenta artigos, entrevistas e resenhas para clarear os aspectos psicológicos envolvidos nas decisões financeiras.

DESTAQUES

☐ **Alerta e Dia-a-dia: visão prática**
  ○ Duas seções da revista são de grande interesse ao leitor: **Alerta** e **Dia-a-dia**. São textos com o objetivo de ajudar você a refletir sobre o seu comportamento econômico e sobre a forma como toma decisões. São exemplos os textos do planejador financeiro Caio Fragata Torralvo "Administrar o próprio dinheiro e aquela dieta que (nunca) se inicia na próxima segunda-feira" e da psicóloga Suely Ongaro "Recusa ao consumo e sentimento de exclusão".
  ➡ http://www.dinheiroecomportamento.com.br >> Alertas ou Dia-a-dia (menu à esquerda).

CASO PRÁTICO

Diário de bordo: "coloque no papel"

Vivian, 32 anos, médica, muitas vezes acaba sendo seduzida pelos encantos de uma promoção ou de um parcelamento em dez vezes sem juros. Para reverter a situação, a médica vem colocando em prática uma dica extraída de um texto sobre psicologia econômica: a criação de um diário de bordo. No diário, são relatados os desejos e impulsos antes, durante e depois das compras.

Para Vivian, colocar no papel faz com que a situação seja observada de maneira mais ampla. Entendendo as motivações das suas decisões econômicas, a médica tem conseguido avaliar melhor suas aquisições, ao invés de agir por impulso ou por influência da propaganda.

DICA DO CONSULTOR

Psicologia econômica e o Prêmio Nobel

Dois pesquisadores da área de psicologia econômica já receberam o Prêmio Nobel de Economia. Em 1978, o psicólogo e economista Herbert Simon, propondo que dificilmente somos capazes de tomar decisões plenamente racionais; e em 2002, Daniel Kahneman, psicólogo que, com o colega economista Amos Tversky, estudou as várias ciladas a que estamos expostos quando tomamos decisões. Para saber mais sobre o trabalho destes pesquisadores, os sites da Professora Vera Rita Ferreira (site 6) e da revista Dinheiro & Comportamento (site 7) são excelentes referências.

Educação Financeira para Crianças e Jovens

Site 8   Mesada
http://www.mesada.com.br

CATEGORIAS

Independência financeira, mesada, orçamento, investimentos, jovens.

DESCRIÇÃO

O site Mesada busca orientar os jovens investidores. A linguagem despojada é o diferencial para atrair o público jovem: dinheiro é "grana" e, ao invés de notícias do mercado, os visitantes vão encontrar "tudo o que rola no mercado". O site é rico em conteúdo, tendo como mérito explicar desde conceitos básicos sobre cheque, cartão de débito e cartão de crédito, até oferecer um dicionário com explicações fáceis sobre diversos termos do mercado financeiro. Este dicionário chama-se "O mapa da mina" e é um dos destaques do site.

DESTAQUES

☐ **"Esticando a mesada": planejamento financeiro para jovens**
   ○ Em termos de conteúdo, destaca-se a seção **Esticando a Mesada**. Poupar para a compra de roupas, CDs ou para a compra do primeiro carro?! Como se planejar?! Em um texto dinâmico e voltado para a realidade jovem, o mesada.com.br oferece bons conselhos, como "para começar a cuidar do seu dinheiro é importante pensar em objetivos (...): para que estou poupando? O que eu quero comprar com esse dinheiro? Quanto tempo terei que poupar para alcançar meu objetivo? (...)". Merece destaque também o item **Na hora da conta** que aborda conceitos básicos sobre meios de pagamento, como cheque, cartão de crédito e de débito.
   ➡ http://www.mesada.com.br >> Esticando a Mesada (menu à esquerda) >> Guardar ou Gastar? e Na hora da conta.

☐ **"O mapa da mina": glossário de termos econômicos**
   ○ Glossário em linguagem didática, voltada para o público jovem, com explicações curtas e simples de diversos termos econômicos.
   ➡ http://www.mesada.com.br >> O Mundo Financeiro (menu à esquerda) >> O mapa da mina.

CASO PRÁTICO

Conversa sobre dinheiro

Gabriel, 13 anos, estudante, recebia a sua mesada regularmente, mas, na metade do mês, o dinheiro já havia terminado. Percebendo a dificuldade do filho em lidar com as finanças, Maurício queria orientar Gabriel, mas não sabia como iniciar a conversa sobre dinheiro. Foi aí que surgiu a idéia: apresentar ao filho o site Mesada. O Gabriel – que vive na Internet – adorou e, desde então, tem melhorado o controle da sua mesada.

DICA DO CONSULTOR

Monte um "cofrinho" transparente

Um recipiente transparente bem lacrado com a abertura para inserir as moedas ou notas é um ótimo "cofrinho". O fato de ser transparente permitirá ao seu filho ver a fortuna crescendo.

Site 9   Educação Financeira

http://www.educfinanceira.com.br

CATEGORIAS

Educação financeira, educação financeira para crianças e jovens, mesada.

DESCRIÇÃO

Se você tem dúvidas e precisa de orientação para educar seus filhos financeiramente, o Educação Financeira é parada obrigatória. Criado pela psicóloga e educadora Cássia D'Aquino, referência no tema educação financeira, o site é muito rico em conteúdo para crianças, jovens e pais.

DESTAQUES

☐ Gibis para *download*!

- O educfinanceira.com.br oferece para *download* gratuito dois gibis "Família poupe: fazer render, diversão pra valer" e "Dinheiro não é brincadeira". Em formato de quadrinhos, várias histórias em que os temas são situações do dia-a-dia que envolvem dinheiro.

  ➡ http://www.educfinanceira.com.br >> Escolas (menu principal) >> Gibis (à esquerda) >> Por fim, clique na capa do gibi que deseja ler.

☐ Uma coletânea de artigos para ajudar você a educar seus filhos financeiramente!

- Artigos para pais, crianças e adolescentes, sempre com a temática do dinheiro. O fato de a autora ser educadora faz toda a diferença nos artigos. Um exemplo é o texto **Harry Potter, meu herói**. Acompanhe um trecho: "Vamos, por exemplo, que você ande preocupado com a onda consumista em sua casa. Que as crianças tenham perdido de vez as medidas e que tudo o que você ouve é: 'quero isso, aquilo e mais aquilo outro. E o azul, também!'. Claro, você até pode achar que vai resolver o problema explicando que 'dinheiro não é capim; que não nasce em árvore; que vocês precisam dar valor às coisas' e o resto daquela lengalenga que todo filho sabe de cor. É uma escolha. Cansativa, é verdade, mas é uma escolha. Entretanto, se estiver interessado em alternativas a este suplício, vá por mim (...)".

  ➡ http://www.educfinanceira.com.br >> Família (menu principal) >> Crianças, Adolescentes ou Pais (à esquerda) >> Selecione, então, o artigo desejado.

☐ **Educação financeira na prática: Perguntas do dia-a-dia respondidas.**
  ○ A seção de perguntas mais freqüentes (FAQ – Frequently Asked Questions) oferece respostas elaboradas por Cássia D'Aquino para dúvidas comuns dos leitores: "Tenho uma filha de 7 anos e outra de 3. Gostaria de saber se já devo dar mesada. Quanto?" ou "Minha dúvida é sobre como ensinar meu filho a lidar com dinheiro. Ele vai fazer 10 anos e, no colégio onde estuda, tudo é pago pelos pais. O problema é que se eu der R$ 5,00 ele logo compra o que vê pela frente. Não importa a utilidade. Como ensiná-lo melhor? Onde está meu erro?"
  ➡ http://www.educfinanceira.com.br >> FAQ (menu principal).

CASO PRÁTICO

Dinheiro não é brincadeira

Bia, 8 anos, é fã de gibis, revistinhas e afins. Apesar da pouca idade, Bia adora ir às compras: bastou entrar na loja para a Bia pedir aquele novo presente. Sua mãe, esperta, resolveu pesquisar como melhorar a educação financeira de Bia. Por meio do site educfinanceira.com.br, encontrou gibis gratuitos. Logo pensou: "a Bia vai adorar!" E não deu outra: Bia virou fã e até comentou com as amigas do "Mauricinho", personagem do gibi **Dinheiro não é brincadeira**.

DICA DO CONSULTOR

Livros e educação financeira no dia-a-dia

Incluir os livros no dia-a-dia das crianças é recomendação freqüente de educadores aos pais. Assim, criar uma rotina de leitura com o seu filho que inclua a educação financeira, entre outros temas e fábulas, é, na certa, uma ótima alternativa. Atente, no entanto, para buscar livros e textos sobre educação financeira desenvolvidos para a faixa etária do jovem leitor. O site Educação Financeira é uma ótima fonte.

Conceitos Iniciais | Coleção **EXPO MONEY**

Site 10 Canal Kids Bankids

http://www.canalkids.com.br

CATEGORIAS

Educação financeira, educação financeira para crianças e jovens, dinheiro, economia.

DESCRIÇÃO

O Canal Kids é um portal na Internet que oferece entretenimento e conteúdo para o público infantil. Conhecimento, diversão, desafio e premiação são elementos que compõem o site. O Canal Kids pretende atingir a faixa entre 6 e 15 anos de idade. O site conta com o apoio institucional da Unesco e do Ministério da Cultura. A seção **Bankids: o Banco da Criança** é o destaque.

DESTAQUES

☐ **Bankids: o Banco da Criança**
- No Bankids, a moeda negociada chama-se "Patakos". Além de ganhar, poupar e gastar os "Patakos", o site oferece excelentes seções sobre educação financeira, voltadas para o público infantil.
➡ http://www.canalkids.com.br >> Bankids >> Escolha (menu de navegação).

CASO PRÁTICO

Todas as idades

Os pais de Luisa acessaram o Bankids, antes de recomendar o site para a filha. Além de julgarem-no muito interessante para a Luisa, eles próprios aprenderam com o conteúdo. Ao final de boas horas de navegação, sugeriram que a filha visitasse:

☐ A seção **O Mundo do Economês**, com os tópicos **O que é Economia** e **História do Dinheiro.**
☐ O livro *Meu Orçamento*: um livrinho de economia doméstica onde você vai aprender a valorizar as moedas do seu cofrinho com o personagem Felício Feliz, o ratinho cidadão.
☐ O texto **Quer saber por que dinheiro não nasce em árvore?**.

CAPÍTULO 2

Avaliando sua Situação Atual

Compreendidos os conceitos iniciais sobre planejamento financeiro, o passo a seguir é avaliar a sua situação financeira atual: um check-up financeiro. Esta seção foi dividida em quatro grandes grupos: "Orçamento", "Impostos", "Dívidas" e "Consumo".

Saber exatamente o valor dos seus ganhos e descobrir para onde o dinheiro está indo é o primeiro passo para avaliar a sua situação financeira. Este assunto é detalhado no grupo "Orçamento". O grupo "Impostos", além de evidenciar o impacto dos impostos no orçamento, oferece orientação para avaliar a situação do seu CPF junto à Receita Federal. Por fim, "Dívidas" e "Consumo" oferecem orientações para livrar-se das dívidas e alternativas para racionalizar o seu consumo.

Avaliando sua Situação Atual | Coleção **EXPO MONEY**

Orçamento

Site 11   Consumidor Consciente

http://www.consumidorconsciente.org

CATEGORIAS

Cartão de crédito, endividamento, finanças pessoais, ferramentas interativas.

DESCRIÇÃO

Site da operadora de cartões de crédito Mastercard. Com finalidade educativa, apresenta bom conteúdo sobre finanças pessoais em geral, além de ferramentas interativas para você diagnosticar sua situação financeira. Indicado para quem está começando ou para os endividados.

DESTAQUES

☐ **Orientações sobre orçamento doméstico**
  ○ Excelente texto introdutório para quem deseja construir seu orçamento doméstico: "crie um plano" e "por onde começar" são alguns exemplos de temas abordados.
    ➡ http://www.consumidorconsciente.org >> Orçamento pessoal (menu à esquerda) >> Gaste de forma consciente e Elementos financeiros básicos.

☐ **Conselhos financeiros**
  ○ Bons textos sobre finanças pessoais em geral estão disponíveis no site. Destaca-se a seção **Conselhos financeiros** com temas como "9 recomendações para controlar seu dinheiro" ou "12 regras financeiras".
    ➡ http://www.consumidorconsciente.org >> Conselhos financeiros e Maneiras de poupar (menu à esquerda).

☐ **Exercícios práticos ou ferramentas interativas: descobrindo como andam as suas finanças**
  ○ Diferentes exercícios para o internauta compreender sua situação de endividamento. Testes como "Sinais de advertência de dívidas" ou o exercício "Avalie sua dívida", em que é criado um breve plano para o pagamento dos débitos, são os destaques.

➡ http://www.consumidorconsciente.org >> Ferramentas interativas >> Sinais de advertência de dívidas e Avalie sua dívida.

CASO PRÁTICO
Álvaro decide avaliar suas dívidas

O engenheiro Álvaro tem pavor de dívidas. Nos últimos meses, no entanto, os gastos elevados com a viagem de férias da família e com a troca do carro o levaram a endividar-se. Foi necessário entrar no cheque especial e recorrer aos chamados empréstimos pessoais. As novas parcelas dos empréstimos, do financiamento do carro e os juros do cheque especial estão consumindo boa parte da renda familiar. Como resultado, as contas do mês já estão atrasadas. Decidido a reverter a situação, Álvaro busca ajuda por meio do teste **Avalie sua dívida**.

Como primeiro passo, Álvaro calcula o valor de suas dívidas e descobre que deve R$25.000, somando o cheque especial, empréstimos pessoais e financiamento do carro. O gasto mensal para pagamento das dívidas é de R$2.100.

1º passo: Calcule o valor das suas dívidas		
Empréstimos para veículos		
Valor total devido em empréstimos de veículos	R$	10000
Pagamentos mensais para empréstimos de veículos	R$	800
Empréstimos para estudos		
Valor total devido em empréstimos para estudos	R$	0
Pagamentos mensais a empréstimos para estudos	R$	0
Empréstimos pessoais, sobre o valor da casa e linhas de crédito		
Valor total devido em empréstimos pessoais	R$	12000
Pagamentos mensais para empréstimos pessoais	R$	1000
Cartões de crédito e de lojas		
Total de saldos pendentes em todos os cartões	R$	0
Total de pagamentos mensais em todos os cartões	R$	0
Outras dívidas		
Total de outras dívidas	R$	3000
Pagamentos mensais para outras dívidas	R$	300
Total de dívidas	$	25000
Total dos pagamentos mensais para dívidas	$	2100

A seguir, Álvaro digita o valor líquido de sua remuneração (R$5.000) e percebe que 42% de seu salário estão sendo utilizados para pagar dívidas. Uma porcentagem elevada.

2º Passo: Calcule a proporção entre suas dívidas e receitas

1 2 3 4

Fluxo de dinheiro mensal de entrada:
Some todas as fontes de receitas mensais:

•Salário (depois de impostos)	R$	5000
•Receitas de investimentos	R$	0
•Pensão alimentícia ou manutenção dos filhos	R$	0
•Seguro-desemprego outro pagamento do governo	R$	0
•Outras receitas	R$	0
Total	R$	5000

Pagamentos mensais de dívidas
Escreva o valor total de pagamentos mensais de dívidas (excluindo qualquer pagamento de prestação da casa) do 1º Passo: Calcule sua dívida   R$ 2100

Dívida administrável | Dívida elevada
42 | 50 60 70 80 90

Álvaro deverá seguir os passos do exercício para buscar uma alternativa. Aumentar as receitas, reduzir gastos do orçamento mensal e renegociar as dívidas para um prazo mais longo são possíveis soluções.

DICA DO CONSULTOR

Onde encontrar uma planilha de orçamento?

Diversos sites mencionados neste livro disponibilizam planilhas de orçamento gratuitamente. Uma boa indicação é a planilha oferecida pelo site Mais Dinheiro (site 32).

Site 12   IBGE – Instituto Brasileiro de Geografia e Estatística

http://www.ibge.gov.br

CATEGORIAS

Estatística, economia, orçamento familiar.

DESCRIÇÃO

O IBGE é uma instituição governamental que provê dados e informações sobre o Brasil. Na Internet, disponibiliza suas pesquisas sobre a população e a economia do país.

DESTAQUES

☐ **Quanto as outras famílias estão gastando?**
  o A POF ou Pesquisa de Orçamentos Familiares informa quanto, em média, as famílias gastam em seu orçamento com diferentes despesas como alimentação, habitação, transporte, saúde, entre outros. Trata-se de uma excelente referência para comparar com o seu orçamento e identificar em que você está gastando mais (ver **Caso prático**).
  ➨ http://www.ibge.gov.br >> População (menu superior) >> Pesquisa de Orçamentos Familiares >> Perfil das Despesas no Brasil – indicadores selecionados >> Comentários (para versão resumo) ou Publicação completa (menu à esquerda).

☐ **Brasil em síntese**
  o É sempre importante para o investidor conhecer números, estatísticas e tendências do país. A seção **Brasil em síntese** oferece este recurso. São informações sobre população, educação, trabalho, habitação, agropecuária, indústria, comércio, serviços e contas nacionais.
  ➨ http://www.ibge.gov.br >> Brasil em síntese (menu à esquerda).

CASO PRÁTICO

Será que gastamos mais do que a média?

Maria resolveu descobrir para onde o dinheiro estava indo. Por um mês, anotou com precisão todos os gastos: da escola do filho até o cafezinho após o almoço. Para classificar os gastos, usou as categorias do IBGE: alimentação, habitação, transporte etc. Chegou, então, ao seguinte resultado:

Orçamento Maria			% em relação renda total
Habitação	R$	912	22,80%
Alimentação	R$	555	13,88%
Transporte	R$	1.023	25,58%
Assistência à saúde	R$	102	2,55%
Educação	R$	190	4,75%
Vestuário	R$	49	1,23%
Despesas diversas	R$	78	1,95%
Recreação e cultura	R$	205	5,13%
Higiene	R$	41	1,03%
Serviços pessoais	R$	31	0,78%
Fumo	R$	-	0,00%
Total despesas de consumo	R$	3.186	
Renda da Família	R$	4.000	
Poupança mensal	R$	814	(Renda - Desp)
% Poupança		20%	(Poup / Renda)

Moral da história: Maria conseguiu poupar no mês R$814 reais, ou 20% da sua renda. É uma notícia muito boa, mas será que há algum item em excesso no orçamento de Maria? Na certa, uma comparação com outras famílias ajudará a responder esta questão.

A Pesquisa de Orçamentos Familiares do IBGE indica as seguintes porcentagens:

	Média Brasil	Maria
Habitação	29,26%	22,80%
Alimentação	17,10%	13,88%
Transporte	15,19%	25,58%
Assistência à saúde	5,35%	2,55%
Educação	4,68%	4,75%
Vestuário	3,37%	1,23%
Despesas diversas	2,30%	1,95%
Recreação e cultura	1,97%	5,13%
Higiene	1,79%	1,03%
Serviços pessoais	0,84%	0,78%
Fumo	0,57%	0,00%

Os gastos com transporte e recreação/cultura são os que estão bastante acima da média. Esta é uma primeira fotografia. Maria deve analisar mais a fundo e entender por que estes gastos estão elevados em relação à média do IBGE.

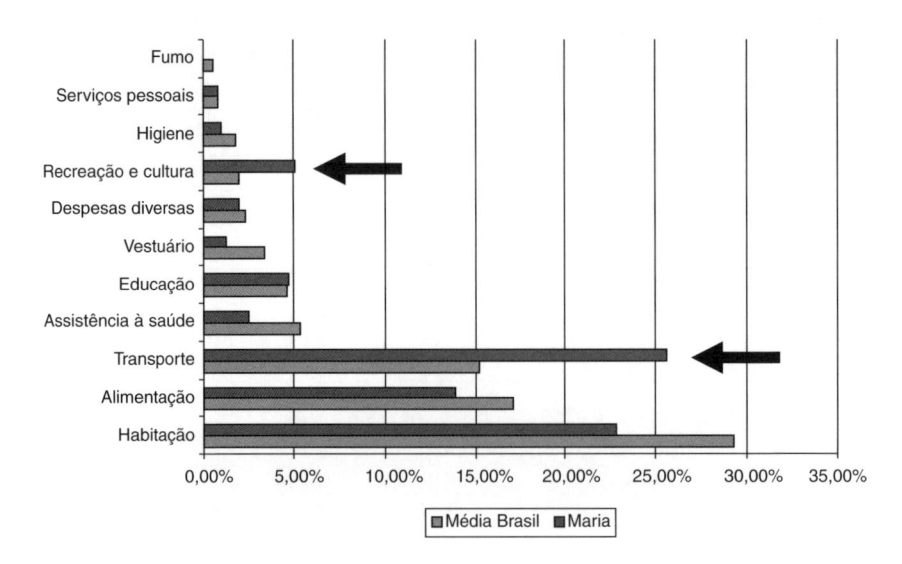

[Gráfico de barras horizontais comparando "Média Brasil" e "Maria" nas categorias: Fumo, Serviços pessoais, Higiene, Recreação e cultura, Despesas diversas, Vestuário, Educação, Assistência à saúde, Transporte, Alimentação, Habitação — escala de 0,00% a 35,00%.]

DICA DO CONSULTOR

Utilize a comparação como uma fotografia inicial

A comparação do orçamento com os dados do IBGE deve ser entendida como uma fotografia inicial, sendo importante para apontar o perfil de gastos da família. Estar na média da população, no entanto, não significa necessariamente que você está bem ou agindo corretamente. Uma família, por exemplo, que tenha quatro filhos matriculados em uma escola particular, na certa, terá um gasto com educação superior à média. A comparação é útil para avaliar as peculiaridades do seu orçamento.

Site 13   Conta Ouro

http://www.contaouro.com.br

CATEGORIAS

Software para gestão de finanças, orçamento doméstico, controle de despesas, finanças pessoais.

DESCRIÇÃO

O Conta Ouro é uma ferramenta para auxiliar você no controle do seu orçamento. Após inserir receitas e despesas, o sistema faz a totalização, indicando quanto foi gasto em determinado mês e para onde foi o dinheiro. A facilidade de uso e a gratuidade são os destaques.

DESTAQUES

☐ **Classificando as despesas!**
- Uma das inovações do sistema é o uso de *tags* para classificar uma despesa. Imagine que uma *tag* seja um rótulo que você dá para uma despesa. A possibilidade de dar mais de um rótulo ou mais de uma *tag* para cada despesa é a inovação do Contaouro (ver **Caso prático**).
   ➡ http://www.contaouro.com.br >> Cadastre-se agora. Depois de feito o cadastro, ao fazer um lançamento de uma despesa, basta utilizar o campo *tag* para rotular as suas despesas.

CASO PRÁTICO

João quer controlar as despesas do filho

O filho de João acabou de entrar na faculdade. João está muito feliz, mas sente que os gastos estão crescendo, é importante controlar o orçamento. João deseja saber quanto está gastando em categorias como lazer, moradia, transporte e quer também saber quanto está gastando com o filho. O sistema de rótulos do Conta Ouro lhe pareceu muito interessante. Afinal, uma mesma despesa como o clube do filho pode simultaneamente ganhar três rótulos: "filho", "clube" e "lazer". Então, é possível verificar quanto foi gasto em cada um destes itens. Veja como João fez:

☐ O primeiro passo foi fazer os lançamentos das contas a serem pagas no sistema. Basta se cadastrar, clicar em "lançamentos" e "adicionar". O importante é indicar os rótulos (*tags*). Veja a seguir:

☐ Concluídos os lançamentos, João checa um a um para ver se tudo foi lançado corretamente:

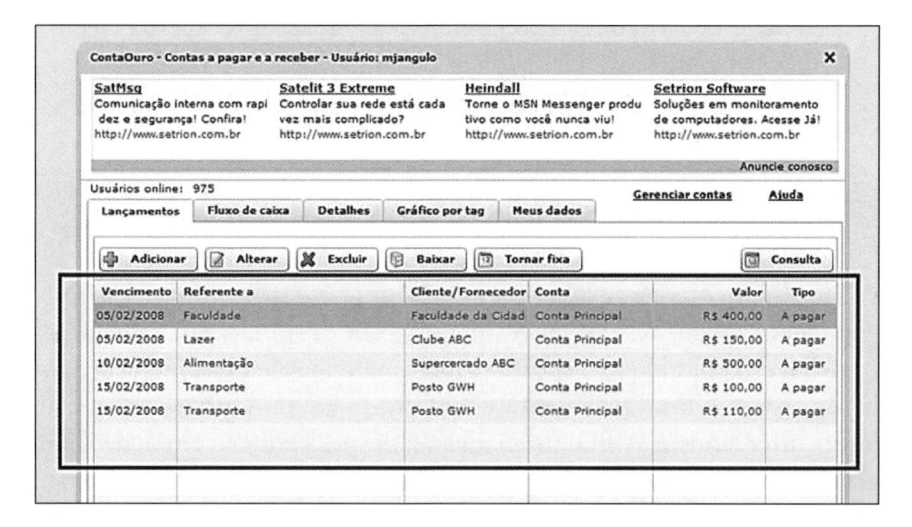

☐ E, por fim, clicando em "Gráfico por *tag*", analisa quanto gastou em cada categoria. Repare que o sistema mostra as despesas em função dos rótulos criados:

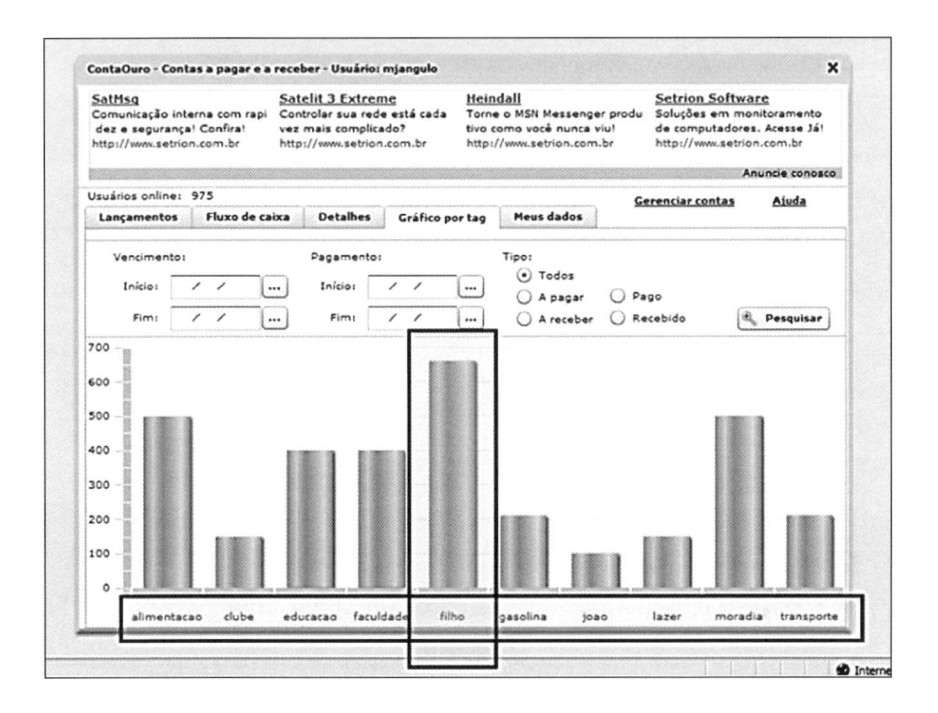

DICA DO CONSULTOR

O importante é controlar: software, caderno, agenda ou planilha

O importante é você descobrir para onde o seu dinheiro vai. Não importa se você usa um software, uma planilha ou mesmo um tradicional caderno em papel. O que vale é utilizar o que funciona para você!

Site 14   Hábil Pessoal

http://www.habilpessoal.com.br

CATEGORIAS

Software para gestão de finanças, orçamento doméstico, controle de despesas, finanças pessoais.

DESCRIÇÃO

O Hábil Pessoal é um software de controle financeiro gratuito para pessoas físicas. O software foi desenvolvido pela empresa Koinonia Software, que possui larga experiência no desenvolvimento de aplicações de controle financeiro para empresas.

DESTAQUES

☐ **Suporte técnico gratuito via e-mail e ampla documentação**
  o O Hábil Pessoal apresenta diversos recursos, como: Controle de Receitas e Despesas, Controle de Cartões de Crédito e de Débito, Compensação de Lançamentos Bancários, Cadastro de Contas a Receber, Baixa de Cheques Recebidos etc., além de diversos gráficos e relatórios. São destaques: o suporte técnico gratuito via e-mail e a ampla documentação (manual) sobre o sistema.
  ➡ http://www.habilpessoal.com.br >> *Download* da Versão Gratuita (à esquerda).

CASO PRÁTICO

Escolhendo um software de Controle Financeiro

Clara é analista de sistemas, adora computadores, softwares e afins. Decidida a registrar todos os seus gastos, está em busca de um software de controle financeiro. Diante das diferentes opções existentes no mercado (ver **Dica do consultor**), decidiu realizar uma avaliação. Alguns critérios de análise pré-selecionados pela analista são: gratuidade do sistema, credibilidade da empresa, segurança de acesso das informações registradas, recursos oferecidos pelo sistema e acessibilidade do sistema (funciona on-line ou é instalado no computador). Clara fará um teste de uma semana com cada um dos aplicativos, afinal, o melhor software é aquele que melhor se adapta ao seu dia-a-dia e às suas necessidades.

DICA DO CONSULTOR

Opções de softwares para controle financeiro

Este livro cita duas boas opções para o controle financeiro: o site 13 (Conta Ouro) e o site 14 (Hábil Pessoal). Existem, no entanto, outras opções no mercado, como, por exemplo: Finance Desktop (http://www.financedesktop.com.br), Debit Caixa (http://www.debit.com.br) e Spesa (http://spesa.com.br). Tal como a personagem Clara, do **Caso prático**, você pode testar e verificar qual opção melhor se adapta ao seu dia-a-dia.

Site 15 Você com Mais Tempo

http://www.vocecommaistempo.com.br

CATEGORIAS

Tempo, produtividade, gerenciamento do tempo, organização pessoal, agenda, calendário.

DESCRIÇÃO

Portal da revista *Você SA*, criado em parceria com a empresa Tríade do Tempo (www.triadedotempo.com.br). Artigos, testes e dicas de especialistas em gerenciamento do tempo e organização pessoal.

DESTAQUES

- **Comece agora mesmo: dicas!**
  - Dicas práticas e rápidas de cinco linhas para você melhorar a sua produtividade imediatamente.
    ➡ http://www.vocecommaistempo.com.br >> Dicas Rápidas (menu à esquerda).
- **Diagnóstico do seu gerenciamento do tempo**
  - O site traz vários testes para você avaliar se está gerenciando bem ou mal o seu tempo. Os testes **Como eu uso o meu tempo?** e **Ladrões do tempo** são muito interessantes.
    ➡ http://www.vocecommaistempo.com.br >> Testes (menu à esquerda) >> Escolha o teste.
- **Textos sobre o tema**
  - A seção **Matérias Publicadas** reúne textos sobre o tema "tempo" com a visão de diferentes especialistas: "Os dez mandamentos do e-mail", "Tempo é vida" e o "Valor do tempo" são exemplos.
    ➡ http://www.vocecommaistempo.com.br >> Matérias Publicadas (menu à esquerda).

CASO PRÁTICO

Organizando-se para vender mais

Tereza, 37 anos, é vendedora autônoma de cosméticos; apesar da longa jornada de trabalho, vê seus rendimentos mensais estagnados. Tereza percebe que pode melhorar sua organização pessoal, conquistando mais tempo para visitar clientes e também para ficar com a família. Os testes do site Você com Mais Tempo foram muito úteis para identificar onde melhorar.

> ▪▫▫▫ testes
>
> ## LADRÕES DE TEMPO
>
> E-mails, telefonemas e conversinhas no corredor: descubra se você é uma vítima dos vilões da produtividade no trabalho.
>
> **1) Como você utiliza o seu software de e-mail?**
>
> **A)** ○ Ele fica ligado direto durante o dia e constantemente vejo as novas mensagens e sou avisado pelo programa quando chegam novos e-mails.
>
> **B)** ○ Apesar de ficar ativo durante o dia-a-dia, tenho disciplina para verificar meus e-mails ocasionalmente e não tenho avisos de chegada de novos e-mails.
>
> **C)** ○ O meu software de e-mail fica desligado, e vejo minhas mensagens apenas em alguns horários durante o dia.
>
> **2) Como está a organização das suas pastas de e-mails?**
>
> **A)** ○ Tenho pastas, mas sem nenhum tipo formal de organização. Em geral levo muito tempo para localizar o que preciso em minhas pastas.
>
> **B)** ○ Tenho pastas organizadas, mas ainda demoro para localizar o que preciso dentro delas.
>
> **C)** ○ Tenho um método eficiente para organizar minhas pastas e sempre consigo achar rapidamente o que preciso em minhas pastas.

O resultado do teste **Ladrões de Tempo**, por exemplo, entre outras sugestões, apontou que Tereza "precisa tomar ações imediatas para reduzir seu tempo gasto com coisas sem importância (...)". As dicas e os textos sobre gerenciamento do tempo, na certa, irão ajudá-la.

DICA DO CONSULTOR

Orçamento: foque seus esforços também no aumento da renda

Talvez você tenha se espantado ao ver um site sobre produtividade pessoal, em meio ao tema orçamento. Às vezes, no entanto, foca-se na redução e no corte de despesas e o aumento de renda é esquecido. Muito provavelmente, quando as despesas estão superando os ganhos, o corte ou a redução são necessários e eventualmente são as únicas soluções no curtíssimo prazo. Porém, é sempre bom pensar em um plano ao longo do tempo para ampliar os ganhos. E é aí que entra a produtividade pessoal: organizando-se, quem sabe, é possível realizar mais vendas, visitar mais clientes ou tocar um negócio paralelo ao seu emprego. Ponha a cabeça para pensar, converse com conhecidos, troque idéias em fóruns e blogs e, na certa, virão idéias de como ampliar a renda familiar.

Site 16 Organize sua Vida

http://www.organizesuavida.com.br

CATEGORIAS

Organização pessoal, gerenciamento do tempo, planejamento pessoal, tempo, agenda, gestão do tempo, produtividade.

DESCRIÇÃO

Portal da empresa OZ! Sistemas de Organização, especializada em consultoria sobre organização em geral, desde a organização do uso do tempo até a do armário de casa. O site oferece conteúdo amplo dentro das seções **Organize suas idéias, Organize seu trabalho Organize sua casa** etc.

DESTAQUES

- **Soluções para dúvidas freqüentes**
  - O site possui uma seção chamada **Soluções**. São respostas a perguntas freqüentes como "Reuniões improdutivas me incomodam. O que fazer?" ou "Como organizar minha mesa de trabalho?". A partir de cada "solução" também são fornecidos links para outras áreas do site.

    ➡ http://www.organizesuavida.com.br >> Soluções (menu superior) >> Escolha a pergunta.

- **Organize seu trabalho: um livro sobre organização**
  - A seção **Organize seu trabalho** possui conteúdo relevante sobre planejamento pessoal. São quatro subseções: "Agenda: Aumente sua Produtividade", "Estresse", "Otimizando o Uso do Tempo" e "Espaço de Trabalho". A subseção "estresse", por exemplo, oferece 21 dicas para reduzir o estresse no seu dia-a-dia.

    ➡ http://www.organizesuavida.com.br >> Organize seu trabalho (menu superior) >> Escolha a subseção desejada (menu à esquerda).

- **Como reduzir suas despesas?**
  - A seção **Organize suas finanças** apresenta conteúdo de nível básico sobre finanças pessoais. A matéria **Dicas para reduzir despesas** – que conta com os itens telefone, carro, roupa, entretenimento etc. – merece leitura para aqueles que estão com dificuldade no controle do orçamento.

➡ http://www.organizesuavida.com.br >> Organize suas finanças (menu superior) >> Reduzindo despesas (menu à esquerda) >> Dicas para reduzir despesas (link inferior).

CASO PRÁTICO
Por onde começar?

O engenheiro Flávio não sabia por onde começar a cortar gastos. Encontrou no artigo **Dicas para reduzir despesas** três boas sugestões. Em um mês, já foi possível perceber a redução na conta de telefone e também a queda nos gastos com lazer. Mais tranqüilo, Flávio comemorou: pela primeira vez em doze meses, não foi necessário utilizar o cheque especial.

DICA DO CONSULTOR
Agende uma reunião com as suas finanças

Programa-se para pelo menos uma vez por mês avaliar e organizar as suas finanças. Deixe um horário predeterminado para esta atividade; por exemplo, o período da manhã do último sábado do mês. É neste momento que você irá averiguar seus rendimentos, olhar com calma o orçamento e avaliar a rentabilidade dos investimentos, além de organizar toda a "papelada". Convide também o seu cônjuge para a reunião: será uma ótima oportunidade para conversar sobre as finanças do casal.

Site 17   Trabalho Doméstico – Ministério do Trabalho e Emprego

http://www.mte.gov.br/trab_domestico

CATEGORIAS

Finanças pessoais, orçamento familiar, empregada doméstica, recibo, salário, férias, 13º, legislação trabalhista.

DESCRIÇÃO

O Ministério do Trabalho e Emprego do Governo Federal disponibiliza uma seção em seu Web site totalmente voltada ao trabalhador doméstico. Orientações, modelos de documentos (recibos, contrato de trabalho, termo de rescisão etc.) e até um software para ajudar você a administrar a burocracia que envolve o trabalhador doméstico.

DESTAQUES

☐ **Cartilha: Trabalho Doméstico, direitos e deveres**
  ○ Trata-se de um livro sobre o trabalho doméstico. Na certa, a leitura esclarecerá todas as dúvidas sobre o tema. Inclui também modelos de contrato, recibos, termo de rescisão, aviso prévio, entre outros.
  ➡ http://www.mte.gov.br/trab_domestico >> Cartilha (menu à esquerda)

☐ **Informatizando o controle da empregada doméstica**
  ○ Software criado especialmente para a administração do empregado doméstico. Basta você inserir seus dados (empregador), dados do empregado, e o sistema gera os documentos automaticamente: cálculos de 13º, cálculos de férias, contrato de trabalho etc. Excelente!
  ➡ http://www.mte.gov.br/trab_domestico >> *Download* (menu à esquerda)

CASO PRÁTICO

A empregada doméstica de Magali pediu demissão:
como fazer os cálculos?

Magali sempre precisou da ajuda de um contador para fazer os cálculos relativos à sua empregada doméstica: INSS, férias, 13º salário, com certeza não eram a sua especialidade. Ao descobrir, porém, o software de administração do empregado doméstico, tudo ficou mais fácil. Basta inserir os dados e o computador toma conta dos cálculos. Veja no exemplo a seguir, algumas telas que demonstram como Magali calculou a rescisão de sua empregada:

Avaliando sua Situação Atual Coleção **EXPO MONEY**

- [ ] Na tela inicial, basta selecionar, o item **Aviso Prévio e Rescisão de Contrato**:
- [ ] A seguir, escolha o tipo de rescisão: "Demissão sem justa causa", "A pedido do empregado", "Falecimento do empregado", "Demissão por justa causa" etc.

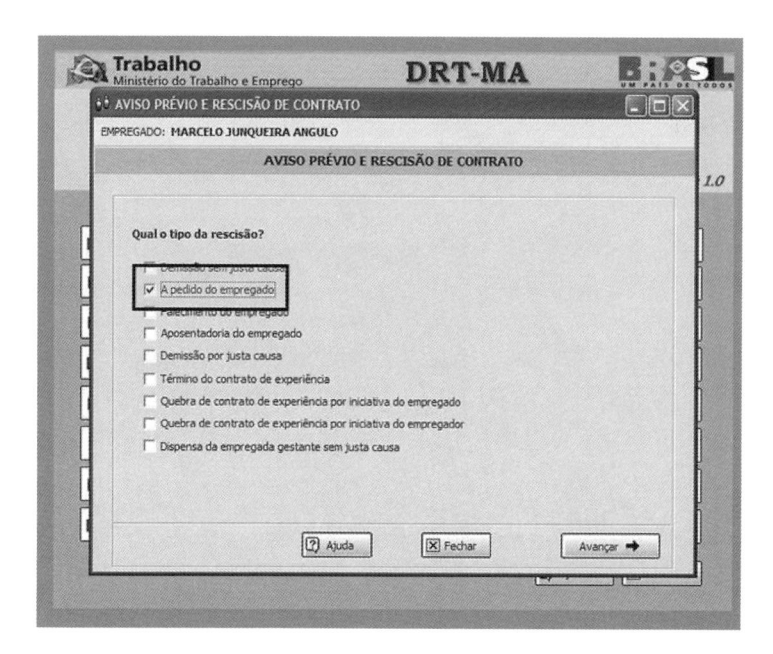

☐ E assim, o sistema segue perguntando todas as peculiaridades da demissão até finalizar, gerando os cálculos com o valor do pagamento a ser feito e documentos a serem assinados.

DICA DO CONSULTOR

Faça você mesmo

Muitos itens do dia-a-dia – como a confecção de recibos para a empregada doméstica – podem ser facilmente aprendidos na Internet. Depois da primeira vez, é só repetir o processo mês a mês.

Site 18 — Home Page do Office Online
http://office.microsoft.com/pt-br

CATEGORIAS

Planilhas eletrônicas, Excel, curso, treinamento.

DESCRIÇÃO

O site da Microsoft oferece cursos gratuitos sobre programas do pacote Microsoft Office. Para as finanças pessoais, as planilhas eletrônicas são umas das ferramentas mais utilizadas. Com a planilha, você pode monitorar, por exemplo, o seu orçamento doméstico ou seus investimentos. No site da Microsoft são disponibilizadas desde orientação para iniciantes até recursos avançados.

DESTAQUES

- Planilha eletrônica (Excel): Introdução
  - Para os iniciantes, os cursos mais recomendados são: "Descubra uma calculadora mais eficiente" e "É assim que se faz! Excelentes recursos do Excel".
    - ➡ http://office.microsoft.com/pt-br >> Ajuda e instruções (no menu superior) >> Treinamento (no menu à esquerda) >> (Office 2003 na busca de treinamentos por produto) >> Excel 2003 >> Escolha o curso que desejar.

- Utilizando as fórmulas financeiras do Excel
  - Dentre os cursos disponíveis, há um que ensina a utilizar as fórmulas financeiras do Excel em situações do dia-a-dia, como: calcular quanto tempo leva para liquidar um empréstimo pessoal ou, por exemplo, o pagamento mensal de um empréstimo imobiliário de R$180.000,00 a ser pago em 20 anos, a uma taxa de juros anual de 8%. O curso se chama "Planejar pagamentos e economias usando fórmulas financeiras".
    - ➡ http://office.microsoft.com/pt-br >> Ajuda e instruções (no menu superior) >> Treinamento (no menu à esquerda) >> (Office 2003 na busca de treinamentos por produto) >> Excel 2003 >> Planejar pagamentos e economias usando fórmulas financeiras (na página 2 de busca de cursos).

CASO PRÁTICO

O que são planilhas eletrônicas e por que utilizá-las?

Uma planilha eletrônica é um programa de computador voltado para a realização de cálculos: dos mais simples como soma, subtração, divisão e multiplicação, até outros mais complexos. Na prática, se trata de uma tabela, onde o usuário coloca texto e números e pode realizar cálculos com os números ali inseridos. O programa Excel, da Microsoft, é um exemplo popular de planilha eletrônica. A seguir, um exemplo de soma simples realizada em planilha:

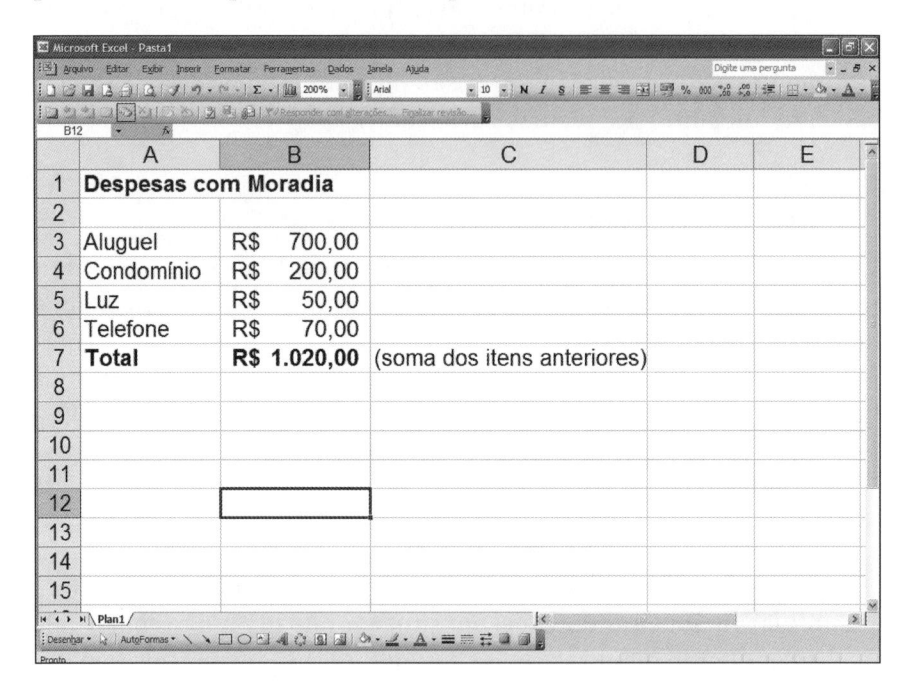

	A	B	C	D	E
1	**Despesas com Moradia**				
2					
3	Aluguel	R$ 700,00			
4	Condomínio	R$ 200,00			
5	Luz	R$ 50,00			
6	Telefone	R$ 70,00			
7	**Total**	**R$ 1.020,00**	(soma dos itens anteriores)		
8					

As planilhas são muito úteis, pois agilizam os cálculos e organizam a informação de maneira estruturada. Com as planilhas eletrônicas é mais simples, por exemplo, elaborar comparações entre as despesas com moradia no mês anterior e este mês. Caso você não tenha familiaridade com as planilhas, a dica é: comece no papel. E, aos poucos, vá migrando o orçamento do papel para o computador.

DICA DO CONSULTOR
Planilhas grátis

O Excel é possivelmente a planilha eletrônica mais conhecida. Trata-se de um software pago. Existem também versões gratuitas de planilhas eletrônicas similares. Para cálculos simples, com certeza, lhe serão muito úteis. Dois exemplos também bastante populares são a planilha "Calc", que faz parte do conjunto de programas para escritórios Open Office (http://www.broffice.org/) e a planilha oferecida pelo Google que pode ser encontrada no endereço http://docs.google.com. A versão do Google tem como diferencial o fato de funcionar no próprio *browser* (por exemplo: Internet Explorer ou Firefox), não necessitando de *download* e podendo ser acessada de qualquer computador conectado à Internet.

Impostos

Site 19 Receita Federal do Brasil
http://www.receita.fazenda.gov.br

CATEGORIAS

Impostos, imposto de renda, CPF, restituição do imposto de renda.

DESCRIÇÃO

A Receita Federal do Brasil (RFB) é o órgão público responsável pela arrecadação dos impostos federais. Ou seja, é a responsável pela arrecadação, entre outros, do Imposto de Renda Pessoa Física. O site oferece bons serviços on-line para facilitar a vida do cidadão pagante de imposto, além de uma seção educativa.

DESTAQUES

☐ **Um check-up da sua situação na Receita Federal**
  ○ Os serviços on-line da Receita Federal do Brasil (RFB) permitem que você faça um check-up da sua situação fiscal. Primeiro, verifique se o seu CPF (Cadastro de Pessoa Física) está ativo; em seguida, verifique se está devendo algum imposto por meio da "Certidão Conjunta de Débitos Relativos aos Tributos Federais e à Dívida Ativa da União"; e, finalmente, consulte como anda o processamento da sua declaração.

  ➡ Para verificar a situação do seu CPF >> http://www.receita.fazenda.gov.br >> Pessoa Física (no menu superior) >> CPF – Cadastro Pessoa Física >> Situação Cadastral >> Emissão do Comprovante >> Digite o seu CPF (Veja o **Caso prático** para interpretar o resultado).

  ➡ Para verificar se deve algum imposto >> http://www.receita.fazenda.gov.br >> Pessoa Física (no menu superior) >> Certidão Negativa de Débitos >> Certidão Conjunta de Débitos Relativos aos Tributos Federais e à Dívida Ativa da União >> Pessoa Física >> Emissão da certidão >> Digite o seu CPF (Veja o **Caso prático** para interpretar o resultado).

  ➡ Para verificar o processamento das declarações >> http://www.receita.fazenda.gov.br >> Pessoa Física (no menu superior) >> IRPF: Extrato e Restituição >> Extrato Simplificado >> Digite o seu CPF e o número do recibo da última declaração entregue.

Avaliando sua Situação Atual Coleção **EXPO MONEY**

- ☐ **Isenções: doenças graves**
    - ○ Portadores de doenças graves, como cardiopatia grave e neoplasia maligna (câncer) são isentos de imposto de renda. Consulte a seção de **Isenções** do site da Receita Federal (RFB) para acessar uma lista das doenças graves que permitem isenção de Imposto de Renda Pessoa Física.
        - ➡ http://www.receita.fazenda.gov.br >> Pessoa Física (no menu superior) >> Isenções especiais >> Doenças >> Condições para Isenção do Imposto de Renda Pessoa Física.
- ☐ **Dúvidas sobre imposto de renda? O perguntão responde.**
    - ○ A Receita Federal (RFB) disponibiliza a resposta para centenas de perguntas sobre o Imposto de Renda Pessoa Física, separadas por temas. No total, são mais de 600 (seiscentas!) perguntas respondidas. O nome deste conteúdo é "perguntão".
        - ➡ http://www.receita.fazenda.gov.br >> Pessoa Física (no menu superior) >> Declarações >> Imposto de Renda >> Declaração de Imposto de Renda Pessoa Física >> Perguntas e Respostas (Consulta na própria Internet ou *Download*).
- ☐ **Leãozinho: aprendendo sobre impostos**
    - ○ Educação tributária para crianças é a proposta do site interativo Leãozinho. Trata-se de um mini-site educativo, dentro do site da Receita Federal (RFB). Bastante colorido e didático, o site tem o objetivo de demonstrar para as crianças a importância do pagamento de impostos para a sociedade. Como se trata de um tema novo para muitos, pode também ser acessado por jovens e adultos. Dentro da cidade do "Leãozinho", merece destaque a Escola que apresenta temas como "Quem paga a conta?" e "Onde está o meu dinheiro?".
        - ➡ http://www.receita.fazenda.gov.br >> Leãozinho (na parte inferior do site) >> Escola (no "mundo do leãozinho").

CASO PRÁTICO

Check-up na prática

Acompanhe, a seguir, telas da execução do check-up da situação na Receita Federal na prática:

- ☐ **Situação do seu CPF**
    - ○ Siga o roteiro apontado (na seção "Destaques") e então digite o seu CPF, atente para as letras à direita, elas devem ser copiadas. Trata-se de um mecanismo de segurança da Receita Federal:

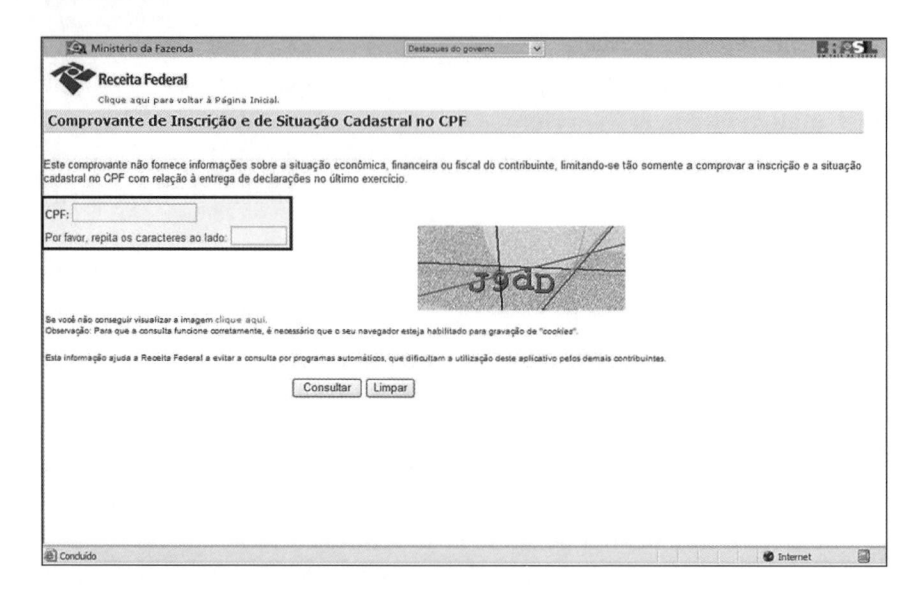

○ A seguir, você já terá acesso à sua situação: regular ou irregular:

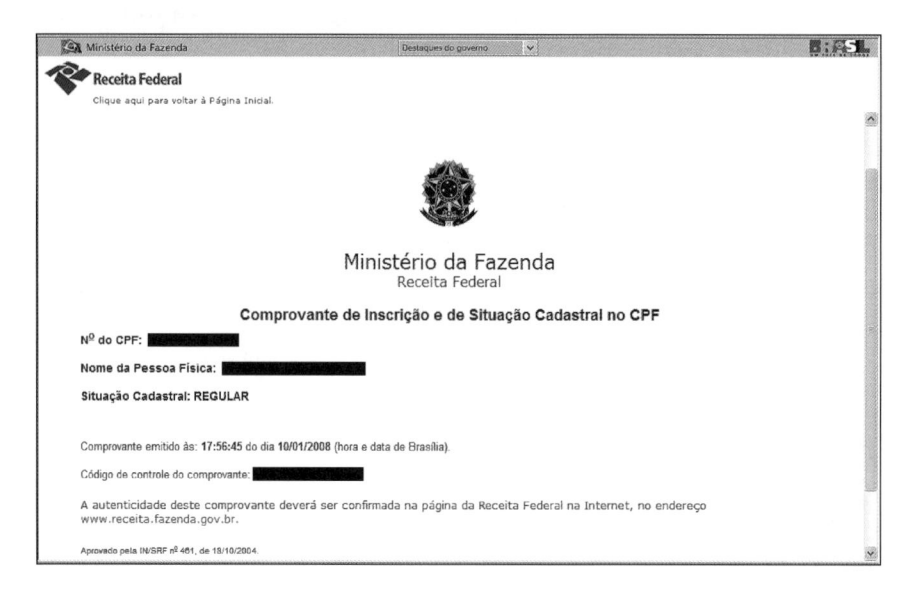

☐ **Situação junto à Dívida Ativa da União**
  ○ Para verificar sua situação junto à Dívida Ativa da União, siga o roteiro citado e novamente digite seu CPF, atentando também para as letras à direita:

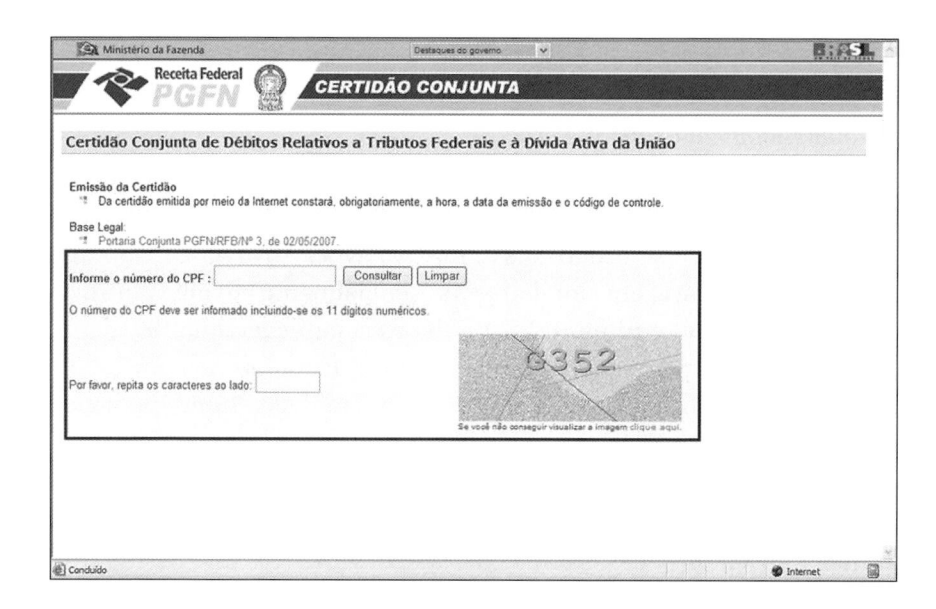

○ Em seguida, já terá acesso à situação. Após o termo "Certidão Conjunta" aparecerá a palavra "Negativa" ou "Positiva". "Negativa" indica que não há dívidas junto à União, e "Positiva" indica o oposto.

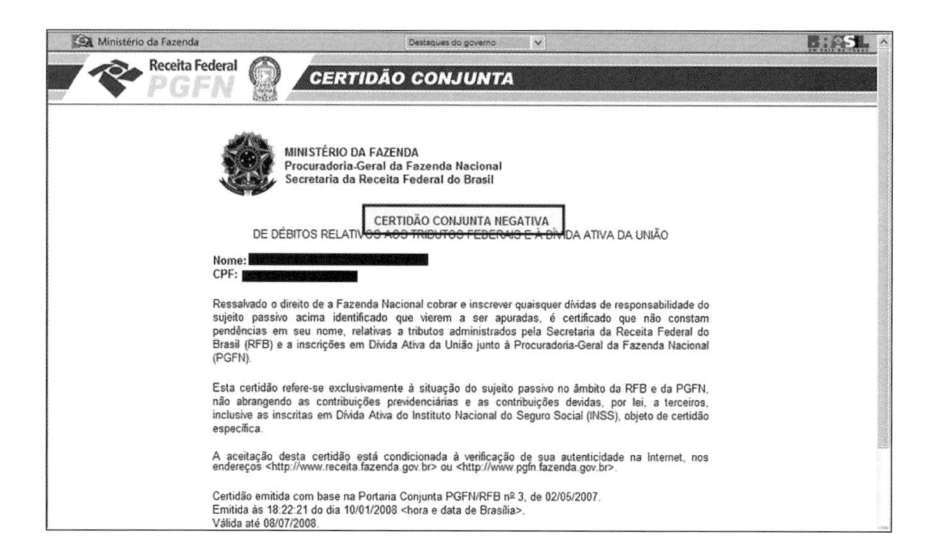

DICA DO CONSULTOR

O que fazer caso seu CPF esteja irregular ou sua certidão negativa esteja positiva?

Para regularizar sua situação junto à Receita Federal do Brasil (RFB) o passo inicial é descobrir porque seu CPF está irregular ou quais dívidas encontram-se cadastradas junto à Dívida Ativa da União. Para isso, é recomendável encaminhar-se presencialmente até um Centro de Atendimento ao Contribuinte (CAC) da Receita Federal do Brasil.

Para encontrar os locais: http://www.receita.fazenda.gov.br >> Atendimento (no menu superior) >> Unidades de Atendimento ao Contribuinte >> Escolha o seu estado, Cidade e terá acesso ao endereço do posto mais próximo.

O que é dívida ativa?

É a dívida enviada para inscrição e cobrança judicial. Este envio ocorre depois de esgotado o prazo final para pagamento fixado por lei ou por decisão em processo administrativo. Em outras palavras, após buscar a cobrança por vias normais (por exemplo: comunicados), a dívida é enviada para cobrança judicial.

Grandes assalariados devem pesquisar bem as alternativas de abatimento.

Os grandes assalariados, aqueles que pagam 27,5% de imposto por conta dos elevados rendimentos, devem ter dupla atenção ao elaborar sua declaração de Imposto de Renda. Atentar-se para alternativas de redução da base de cálculo do Imposto como despesas médicas, gastos com educação e investimento em planos de previdência do tipo PGBL é fundamental. O **"Perguntão"**, citado anteriormente, é ótimo para aprender mais sobre o assunto.

Site 20   De Olho no Imposto

http://www.deolhonoimposto.com.br

CATEGORIAS

Tributação, planejamento tributário, impostos, taxas e contribuições.

DESCRIÇÃO

O site deolhonoimposto.org.br foi desenvolvido pela Associação Comercial de São Paulo, com conteúdo fornecido pelo Instituto Brasileiro de Planejamento Tributário (IBPT). Trata-se de uma iniciativa com o objetivo de orientar a população no sentido de que todo cidadão, até mesmo aquele que é isento e não paga imposto de renda, paga imposto de maneira indireta e é, portanto, um contribuinte.

DESTAQUES

☐ **Feirão do Imposto: descubra quanto você paga de imposto em cada produto**
- O projeto Feirão do Imposto conscientiza a população sobre o quanto de cada produto é pago em imposto. Os resultados são surpreendentes. Por exemplo, em média, 40% do valor pago em um detergente são pagos em impostos; esta porcentagem é de 47% nos refrigerantes em lata. A tabela completa e a metodologia explicada são encontradas no site do Feirão.
    ➡ http://www.deolhonoimposto.com.br >> Feirão do Imposto (menu superior).

☐ **Calculadora do Imposto**
- A Calculadora do Imposto indica qual porcentagem da sua remuneração é paga em impostos (ver **Caso prático**).
    ➡ http://www.deolhonoimposto.com.br >> Calculadora do Imposto (menu superior).

CASO PRÁTICO

Quanto eu pago de impostos?

Rodrigo, 40 anos, gerente comercial de uma empresa privada, resolve utilizar a Calculadora do Imposto para avaliar quanto paga de imposto. Ao acessar a calculadora, Rodrigo indica que é funcionário da iniciativa privada:

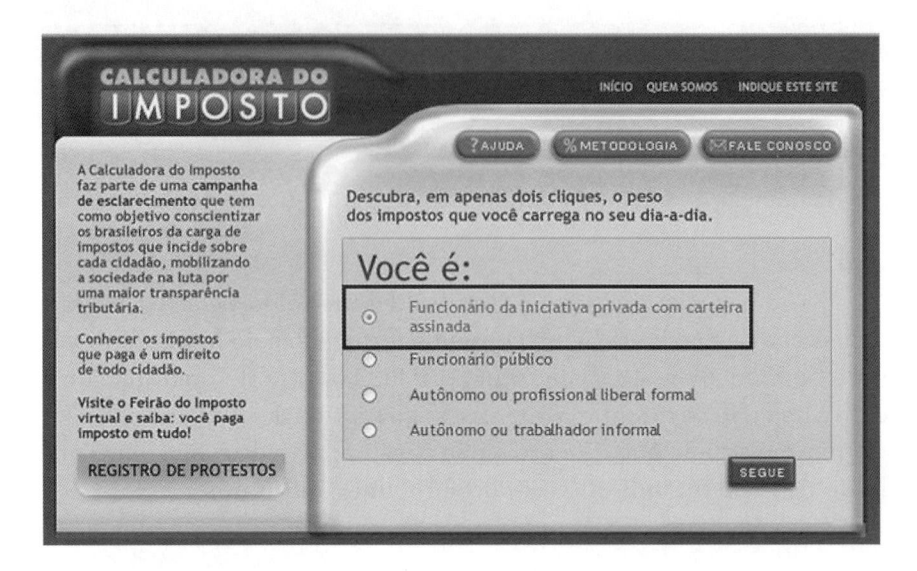

A seguir, Rodrigo preenche os dados:

- Salário mensal: R$4.500
- Valor de imóveis e veículos: R$120.000 (R$100 mil do apartamento e R$20 mil do carro)
- Número de dependentes: 2 (2 filhos)
- Gastos Mensais
  - Supermercado: R$700
  - Luz, telefone, água e gás: R$400
  - Saúde: R$500
  - Transporte: R$500
  - Vestuário: R$100
  - Educação: R$300
  - Outros: R$200

CALCULADORA DO IMPOSTO

Funcionário da iniciativa privada com carteira assinada

Digite seu primeiro nome ou apelido: Rodrigo

Salário mensal	Valor de imóveis e veículos	Nº de dependentes
4.500,00	120.000,00	2

Gastos mensais

Supermercado:	700	Transporte:	500
Luz, telefone, água, gás:	400	Vestuário:	100
Saúde:	500	Educação:	300
		Outros:	200

TOTAL 2.700,00

Os dados informados e o resultado obtido são mantidos sob sigilo e não são armazenados

Por fim, Rodrigo tem acesso ao resultado. "Sobre seu salário de R$4.500,00 foram pagos, em impostos, R$907,87; sobre os gastos de R$2.700,00 foram pagos em impostos R$859,00 e R$300,00 por mês pagos em impostos sobre o patrimônio de R$120.000,00. Por mês, em média, você paga R$2.066,87 em impostos, o que representa 45,93% do seu salário."

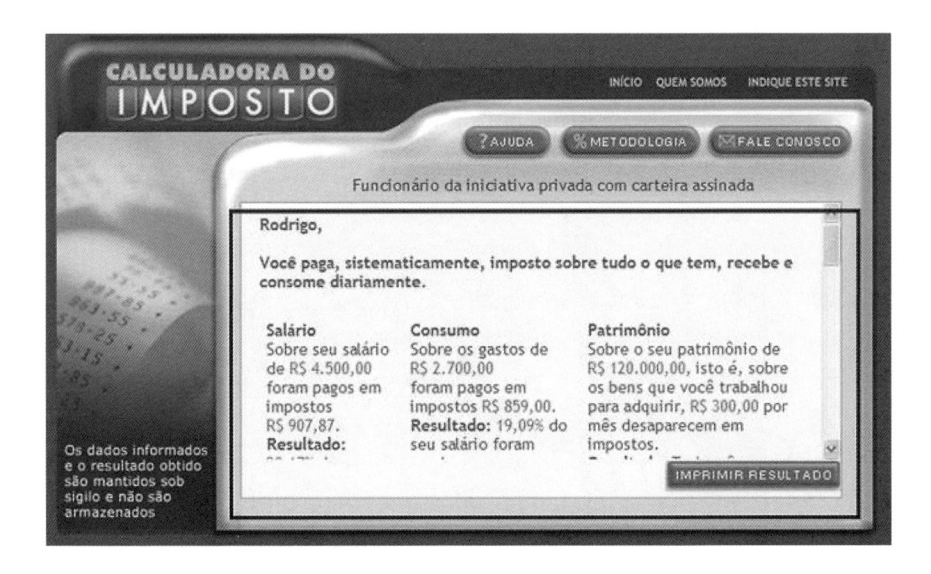

CALCULADORA DO IMPOSTO

Funcionário da iniciativa privada com carteira assinada

Rodrigo,

Você paga, sistematicamente, imposto sobre tudo o que tem, recebe e consome diariamente.

Salário
Sobre seu salário de R$ 4.500,00 foram pagos em impostos R$ 907,87.
Resultado:

Consumo
Sobre os gastos de R$ 2.700,00 foram pagos em impostos R$ 859,00.
Resultado: 19,09% do seu salário foram

Patrimônio
Sobre o seu patrimônio de R$ 120.000,00, isto é, sobre os bens que você trabalhou para adquirir, R$ 300,00 por mês desaparecem em impostos.

Para entender melhor o resultado, Rodrigo deve ler a metodologia do estudo e também visitar o site do Feirão do Imposto, além, é claro, de ler a dica a seguir.

DICA DO CONSULTOR
Por que Rodrigo paga tanto imposto?

Os impostos pagos por Rodrigo sobre a Renda – como o Imposto de Renda – e aqueles pagos sobre o patrimônio, como o IPTU sobre imóveis ou o IPVA sobre veículos, são os mais conhecidos. O que surpreende é o imposto sobre o consumo, pago pelo consumidor, porém indiretamente.

O que ocorre é que os impostos pagos pelas empresas são considerados mais um custo para o produto ou serviço elaborado e repassado ao consumidor. Imagine um vendedor de roupas. Na certa, ao formar o seu preço, são computados:

- ☐ Custo da roupa
- ☐ Custo do aluguel do ponto comercial
- ☐ Custo dos vendedores
- ☐ Impostos
- ☐ Margem de lucro

A soma desses itens resulta no preço final. Ou seja, quem paga o imposto no final é também o consumidor. Para entender quanto de imposto é pago em diferentes exemplos de produtos, visite o Feirão do Imposto mencionado como destaque.

Dívidas

Site 21   Endividado
http://www.endividado.com.br

CATEGORIAS

Dívidas, financiamento, cartão de crédito, Serasa, SPC, cartão de crédito.

DESCRIÇÃO

O site endividado.com.br tem como objetivo orientar e esclarecer os consumidores – principalmente aqueles que possuem dívidas – sobre seus direitos. Com linguagem sempre ligada à prática, demonstra como funcionam as formas de crédito, os tipos de contratos existentes, assim como as ilegalidades e abusos cometidos em cada um deles. Criado por dois advogados do Rio Grande do Sul, o Endividado traz leis, notícias diárias, dicas, artigos, decisões judiciais e outras informações relacionadas aos Direitos do Consumidor. É uma fonte obrigatória para os endividados.

DESTAQUES

- **"Dicas para você não entrar em desespero"**
  - Dentre as diferentes dicas do site, há as dicas para "não entrar em desespero". Texto muito elucidativo que orienta aqueles que já estão completamente endividados. Se você está endividado ou conhece alguém na situação, na certa é uma leitura importante.
    ➡ http://www.endividado.com.br >> Dicas úteis (menu à esquerda) >> Dicas para você não entrar em desespero.
- **Orientações para dívidas de cartão de crédito, cheque especial, financiamento e similares.**
  - O canal **Dívidas** oferece ótimo conteúdo prático. Dividido por tipos de dívida, responde a perguntas comuns dos endividados. Alguns exemplos: "Como cancelar o cartão de crédito mesmo com dívidas?" ou "Quanto tempo o nome fica cadastrado no SPC e SERASA? São três ou cinco anos?" ou "Qual o prazo para execução judicial de um cheque?".
    ➡ http://www.endividado.com.br >> Dívidas (menu à esquerda) >> Selecione o tipo de dívida para o qual deseja receber orientação (cartões de crédito, cheque especial, financiamentos, alienação fiduciária, empréstimos consignados).

☐ **Mutuários Sistema Financeiro de Habitação (SFH)**
   ○ Seção voltada aos mutuários do SFH, com mais de trinta questões respondidas.
   ➡ http://www.endividado.com.br >> Mutuário / SFH (menu à esquerda)

CASO PRÁTICO
Felipe e os cartões de crédito

Cartões de crédito do banco, cartão do supermercado, da loja de roupas, da farmácia. Felipe aceitou todos os cartões que lhe ofereceram: cinco no total. O que ele não esperava é que seu carro fosse quebrar e o conserto custar aquela fortuna. O orçamento estourou e, para não atrasar o aluguel e as contas do dia-a-dia, Felipe passou a pagar o valor mínimo da fatura dos cinco cartões. Moral da história: todo mês apenas os juros eram pagos e a dívida de Felipe nunca acabava.

Foi aí então que Felipe leu o texto **Dicas para você não entrar em desespero** e, entre outras dicas, seguiu a recomendação de pagar uma dívida (um cartão) por vez, ao invés de tentar pagar os cinco cartões de uma vez, e, na verdade, nunca pagar nenhum. Felipe sabe que será um processo longo, mas, pelo menos, terminará sem dívidas.

DICA DO CONSULTOR
A dica é olhar para o futuro

Telefonemas e cartas de cobrança, nome na Serasa, contas de água, luz e telefone atrasadas. A situação vivenciada por uma pessoa endividada não é nada confortável. Um primeiro passo é pesquisar, estudar, discutir, aprender como apagar o "incêndio". Os sites que tratam do tema – incluindo o Endividado – com certeza serão muito úteis.

O passo seguinte é olhar para o futuro. Muitas vezes, o endividado se encontra em uma situação que parece impossível de ser resolvida. A dívida, é claro, não acabará do dia para noite; porém, se imaginarmos um horizonte de tempo maior, um, dois, três anos ou mais, existe solução. Crie um plano e pense em prazos mais longos.

Avaliando sua Situação Atual Coleção **EXPO MONEY**

Site 22 – Mulherinvest

http://www.mulherinvest.com.br ou
http://www.bolsademulher.com/mulherinvest

CATEGORIAS

Artigos, texto, endividamento, guia de investimento, mulheres, educação financeira.

DESCRIÇÃO

O Mulherinvest é um dos canais do portal feminino Bolsa de Mulher. Tem como ponto forte o conteúdo que aborda as questões financeiras sob a ótica das mulheres. Na seção **Orçamento pessoal**, por exemplo, comentários sobre despesas com "itens de beleza" são comuns. Muito interessante o caráter colaborativo do site: as internautas podem comentar o conteúdo e trocar suas experiências financeiras. A série de artigos chamada Vigilantes do Bolso, da especialista Eliana Bussinger, é um dos destaques.

DESTAQUES

☐ **Livre-se das dívidas com o programa "Vigilantes do Bolso"**
  ○ Série de artigos com o objetivo de ajudar as leitoras, passo a passo, a livrarem-se do endividamento. Aproveite também os comentários das leitoras. Por exemplo, um dos passos do programa **Vigilantes do Bolso** – o "13º passo" – chama-se "desistir de ter coisas supérfluas"; além de ler o artigo, os comentários de outras leitoras, contando como vem sendo a sua experiência na "desistência dos supérfluos", podem ser muito úteis.
    ➡ http://www.bolsademulher.com/autor/234 >> Busque na caixa de busca por "vigilantes do bolso" ou navegue pelos artigos lendo os diferentes passos do programa.

☐ **CDB, Poupança, Títulos do Tesouro ou Ações?!**
  ○ O Guia de investimentos Mulherinvest oferece uma visão geral sobre as diferentes possibilidades de investimento: da poupança até as ações.
    ➡ http://www.mulherinvest.com.br >> Guia de Investimentos (menu à direita) >> CDB, Ouro, Fundos, Dividendos etc. (à direita).

☐ **Artigos: educação financeira para mulheres**
  ○ Se, após visitar esses destaques, você gostar da abordagem do site, não deixe de ler os artigos. As colunistas Sandra Blanco e Eliana

Bussinger escrevem com regularidade, sempre com temas que contribuirão para a sua educação financeira.

➡ http://www.mulherinvest.com.br >> Dinheiro (menu à direita).

CASO PRÁTICO
Revertendo a situação financeira ruim

Andréa, 28 anos, advogada, é casada com Hamilton, 32 anos, contabilista. Hamilton é muito hábil na gestão de suas finanças: poupa todo mês, tem sua aposentadoria planejada e conhece os melhores investimentos. O contabilista já tentou, inúmeras vezes, ajudar Andréa a se organizar, mas sem sucesso. Andréa não gosta de falar sobre dinheiro e também nunca conta ao marido o real quadro de suas finanças, algumas dívidas são escondidas...

O fato é que, atualmente, a situação financeira ruim está atormentando Andréa. Apesar de ter recebido um aumento de 30% no seu salário há três meses, não conseguiu poupar um único centavo e ainda há a fatura do cartão de crédito a pagar. Disposta a reverter a situação e tornar-se uma investidora, Andréa cadastra-se no Mulherinvest e decide ler todos os artigos do programa **Vigilantes do Bolso**. Na certa, um excelente passo para se livrar das dívidas.

DICA DO CONSULTOR
Fale e troque idéias sobre dinheiro

Em conversas informais, temas como dinheiro, dívidas ou investimentos não são os mais populares. Por outro lado, imagine que seus amigos ou familiares, provavelmente, vivenciam situações financeiras muito próximas às suas: financiamento do carro, em que investir o dinheiro ou como comprar a casa própria são questões do dia-a-dia de muitos.

Por que não trocar idéias sobre dinheiro? Na certa, você descobrirá que não é a única pessoa com aquela dúvida financeira, perceberá pontos que lhe passaram despercebidos e terá acesso a diferentes soluções para um mesmo problema. Quanto mais pontos de vista você tiver sobre determinada questão, mais condições terá para definir o melhor caminho.

A Internet – por meio de sites como o Mulherinvest, fóruns, blogs e grupos de discussão – oferece diversos locais para que esta conversa sobre dinheiro aconteça. Aproveite!

Avaliando sua Situação Atual | Coleção **EXPO MONEY**

Site 23 Letras & Lucros
http://www.letraselucros.com.br

CATEGORIAS

Artigos, dívidas, orçamento, ações, investimentos, mercado financeiro, tesouro direto, noções básicas.

DESCRIÇÃO

Letras & Lucros é uma fonte interessante para aqueles que estão iniciando no mundo das finanças. Transmitir noções básicas sobre diferentes temas financeiros em linguagem acessível é o grande mérito do site. Criado por jornalistas com vasta experiência na área de finanças pessoais, os guias introdutórios e o "passo a passo" para se livrar das dívidas são os destaques.

DESTAQUES

☐ **Planilhas de Dívidas: passo a passo para se livrar do endividamento**
- A seção **Planilha de dívidas** oferece um roteiro de seis passos para o endividado iniciar o processo de quitação das dívidas. São passos simples, mas importantes, como: "conhecer qual o tamanho exato do seu problema", descobrir "quais dívidas atacar primeiro" e criar uma estimativa de quanto tempo levará para resolver a situação. Cada passo tem uma planilha de apoio. Se hoje você está endividado ou conhece alguém nesta situação, aproveite: passo a passo para sair dessa!
  ➡ http://www.letraselucros.com.br >> Planilha de Dívidas (menu à esquerda, na parte inferior) >> faça o *download* das planilhas.

☐ **Guias Introdutórios: entenda um assunto em cinco minutos!**
- Se você não faz idéia do que seja "Tesouro Direto", o site Letras & Lucros oferece gratuitamente para *download* um guia introdutório sobre o tema. O mesmo é válido para os temas: orçamento, ações, mercado financeiro e até fundos de *hedge*. A linguagem é simples e divertida como, por exemplo, no guia de ações: "Há duas formas eficientes para participar dos ganhos de uma empresa bem-sucedida. A primeira é comprar suas ações. A segunda é casar-se com um dos herdeiros".
  ➡ http://www.letraselucros.com.br >> Guias (menu à esquerda, na parte inferior) >> Escolha o guia da sua preferência.

CASO PRÁTICO
Qual dívida pagar primeiro?

O médico Romeu, 35 anos, recebeu seu bônus anual no valor de R$15.000. Com o auxílio da planilha de dívidas do site Letras & Lucros, listou suas dívidas e concluiu que deve R$54.000. Qual dívida pagar primeiro?

CREDOR	DÍVIDA EM R$	TAXA DE JUROS	VALOR DOS JUROS R$
Cartão de crédito	3.500,00	11,00%	385,00
Cheque especial	8.500,00	9,00%	765,00
Empréstimo pessoal 2	2.000,00	5,00%	100,00
Empréstimo pessoal 1	5.000,00	4,00%	200,00
Empréstimo em folha	6.000,00	2,00%	120,00
Amigo	3.000,00	2,00%	60,00
Financiamento Carro	20.000,00	1,00%	200,00
Irmã	2.000,00	1,00%	20,00
Esposa	4.000,00	0,50%	20,00
TOTAL	54.000,00		1.870,00

Romeu corretamente classifica as dívidas de acordo com a respectiva taxa de juros mensal. Os empréstimos com maiores taxas devem ser pagos primeiro. Assim, o cartão de crédito, o cheque especial e os empréstimos pessoais são as primeiras dívidas a serem quitadas. Pronto, Romeu já tem um roteiro a seguir.

DICA DO CONSULTOR
Coloque suas dívidas no papel ou em uma planilha

Não abrir as cartas de cobrança, não querer saber qual o tamanho das dívidas ou não comentar com familiares sobre a situação financeira ruim são atitudes comuns. Para sair dessa, no entanto, o primeiro passo é enfrentar o problema. Neste sentido, listar as dívidas – como no exercício do site Letras & Lucros – é muito útil. E uma dica: peça ajuda. Liste as dívidas com a ajuda de um amigo, familiar ou consultor de sua confiança. O apoio e a experiência de uma segunda pessoa, na certa, tornarão a situação mais fácil.

Site 24 Serasa

http://www.serasa.com.br

CATEGORIAS

Educação financeira, crédito, endividamento, "limpar o nome", qualidade de vida.

DESCRIÇÃO

A Serasa é uma das maiores empresas do mundo em análises e informações para decisões de crédito. No Brasil, caso o consumidor tenha, por exemplo, emitido um cheque sem fundos ou deixado de pagar uma dívida bancária, a Serasa é notificada.

DESTAQUES

☐ **Como evitar a inadimplência e garantir seu futuro**
- Ótimo guia com vasto conteúdo sobre educação financeira e alternativas para se livrar do endividamento. Foi elaborado pela Serasa com o apoio de especialistas na área como Louis Frankemberg, Mauro Halfeld e Cássia D'Aquino, entre outros. São alguns tópicos: "Inadimplência e Educação Financeira", "Saídas para o Endividado", "Compradores Compulsivos".
    - ➡ http://www.serasa.com.br >> Empresa (menu à esquerda em verde) >> Publicações >> Publicações (novamente) >> Série Serasa Cidadania >> Saiba como Evitar a Inadimplência e Garantir o seu Futuro.

☐ **Dicas para regularizar pendências na Serasa**
- Orientações para regularizar pendências de cheques sem fundos, títulos protestados, dívida bancária ou financeira vencida e também referentes às anotações sobre execução de título judicial e extrajudicial, busca e apreensão de bens, falência e concordata.
    - ➡ http://www.serasa.com.br >> Empresa (menu à esquerda em verde) >> Serviços à população (menu à esquerda) >> Dicas regularizar (menu à esquerda).

☐ **Verifique sua situação na Serasa gratuitamente**
- Para tomar conhecimento da sua situação na Serasa, basta ir até a Serasa de posse dos seus documentos. Para saber quais documentos e qual a Serasa mais perto, consulte o site.
    - ➡ http://www.serasa.com.br >> Empresa (menu à esquerda em verde) >> Serviços à população (menu à esquerda).

☐ **Qualidade de vida**
  ○ A Serasa é reconhecida como uma das melhores empresas para se trabalhar. Neste sentido, realiza diferentes palestras para os funcionários. O conteúdo de algumas destas palestras deu forma ao "Guia Saiba como ter mais qualidade de vida com saúde, alegria e equilíbrio". Diferentes temas são tratados (família, educação, alimentação etc.); destaque para o texto **A busca do desenvolvimento integral,** de Eugênio Mussak.
  ➡ http://www.serasa.com.br >> Empresa (menu à esquerda em verde) >> Publicações >> Publicações (novamente) >> Série Serasa Cidadania >> Saiba como ter mais qualidade de vida com saúde, alegria e equilíbrio.

CASO PRÁTICO
Regularizando pendências na Serasa

Daniel, 27 anos, jornalista, ao adquirir uma moto financiada, foi informado que tinha pendências na Serasa. Surpreso, decidiu imediatamente descobrir o motivo das pendências. No site da Serasa, pesquisou o endereço do posto de atendimento mais próximo e averiguou pessoalmente que se tratava de um título protestado. Nova consulta ao site forneceu orientações para regularizar as pendências. Na semana seguinte, Daniel já podia adquirir sua moto.

DICA DO CONSULTOR
Equilíbrio financeiro e qualidade de vida

Viver sem dívidas, possuir uma reserva financeira para emergências e planejar a aposentadoria são exemplos de atitudes para uma vida financeira equilibrada. Imagine só a tranqüilidade de ter uma reserva para utilizar em uma eventual perda de emprego. Esta tranqüilidade também pode ser entendida como qualidade de vida. Assim, como aponta o Guia Serasa: "qualidade de vida envolve a saúde do corpo, da mente, a qualidade dos relacionamentos profissionais, afetivos, familiares" e também a saúde financeira.

Site 25 Fundação Procon SP

http://www.procon.sp.gov.br

CATEGORIAS

Consumidor, consumo, orientação ao consumidor, direito do consumidor.

DESCRIÇÃO

O Procon (Fundação de Proteção e Defesa do Consumidor) elabora e executa a política de proteção e defesa dos consumidores. Existem diferentes sites do Procon nos diversos estados do país. O site do Procon paulista, que foi utilizado a título de exemplo, possui conteúdo amplo e prático para auxiliar o consumidor nas suas decisões de consumo.

DESTAQUES

☐ Orientações sobre o consumo: alimentos, assuntos financeiros, habitação, produtos, saúde, serviços essenciais e serviços privados
  o Por meio de perguntas freqüentes ou cartilhas informativas, o Procon presta orientação sobre esses itens. O conteúdo é extenso e, dentro de cada categoria, há diversas divisões. Por exemplo, ao clicar em Assuntos Financeiros, há informações sobre: bancos, cartão de crédito, consórcios, empréstimo, leasing, seguros, taxa de juros e títulos de capitalização.
    ➡ http://www.procon.sp.gov.br >> Orientações de Consumo (menu superior) >> Pesquise a categoria desejada.

☐ Qual a taxa do cheque especial? E do empréstimo pessoal?
  o Quer comparar a taxa do seu cheque especial com a média do mercado? O Procon faz uma pesquisa mensal sobre taxas de juros bancárias, e indica as taxas cobradas pelos 10 maiores bancos brasileiros. Na certa, um ótimo referencial para você!
  o Observação: esta pesquisa é também feita com outros temas, como tarifas bancárias, cesta básica, brinquedos etc.
    ➡ http://www.procon.sp.gov.br >> Pesquisas (menu à esquerda) >> Taxas de Juros Bancárias >> Mensais >> Selecione o mês mais recente >> Link para arquivo com resumo das informações coletadas (parte inferior da página).

- **Cursos: "Saindo do vermelho" e "Orçamento doméstico"**
  - Para aqueles que moram em São Paulo, o Procon oferece cursos presenciais gratuitos sobre orçamento doméstico e endividamento. Se você não é de São Paulo, consulte se o Procon do seu estado também oferece cursos semelhantes.
    ➡ http://www.procon.sp.gov.br >> Cursos e Palestras (menu à esquerda).

CASO PRÁTICO

O meu banco é o mais caro!

Ao comparar as taxas de seu banco com outros bancos, por meio da pesquisa do Procon, a empresária Juliana teve uma surpresa: seu banco era o mais caro. A taxa de juros cobrada pelo empréstimo pessoal chegava a ser 40% maior em relação à taxa cobrada pelo banco "mais barato". Juliana é uma consumidora consciente e decidiu trocar de banco para pagar menos.

DICA DO CONSULTOR

As diferentes opções de crédito: quanto custam?

Existem diversas opções de crédito ou financiamentos disponíveis. O ideal é não as utilizar, mas, em sendo necessário, evite os financiamentos oferecidos por financeiras e também o crédito oferecido pelas operadoras de cartão de crédito (aquele utilizado quando o pagamento mínimo é efetuado): estas são as formas mais caras de crédito. O cheque especial vem logo a seguir, tendo também um alto custo. Os chamados empréstimos pessoais e empréstimos consignados (vinculados à folha de pagamento) são as opções, embora também caras, mais em conta.

Na certa, se você tem uma dívida mais cara, vale estudar a alternativa de migrar para uma dívida mais barata. Ou seja, trocar a dívida do cheque especial, por exemplo, por um empréstimo pessoal. Acesse o site do Procon e veja como é grande a diferença entre a taxa de juros do empréstimo pessoal e a do cheque especial.

Avaliando sua Situação Atual | Coleção **EXPO MONEY**

Consumo

Site 26 Instituto Akatu
http://www.akatu.org.br

CATEGORIAS

Direito do consumidor, orientação ao consumidor, código de defesa do consumidor, proteção do consumidor, legislação, educação para o consumo, crédito, bom uso do crédito.

DESCRIÇÃO

O Instituto Akatu é uma Organização não Governamental (ONG), cujo objetivo é a mobilização das pessoas para um consumo mais consciente. Os Cadernos Temáticos são os destaques.

DESTAQUES

☐ **Debatendo o consumo em profundidade**
- O Instituto Akatu, por meio da série **Diálogos**, convida referências em determinado tema para um debate. Ao final, é publicada uma compilação de tudo o que foi ali falado, escrito, debatido. Esta publicação chama-se "Diálogos Akatu". Por exemplo, o "Diálogos Akatu nº 5" traz conteúdo muito interessante sobre consumo consciente do dinheiro e crédito, com a participação de psicólogos, publicitários, executivos de bancos, economistas e planejadores financeiros. Traz uma visão conceitual e filosófica do consumo consciente aplicado à educação financeira.
➡ http://www.akatu.org.br >> Publicações (menu à esquerda) >> Dinheiro e Crédito.

☐ **Dicas práticas para o seu consumo consciente.**
- Mais de 30 dicas para consumo consciente da água, energia e alimentos.
➡ http://www.akatu.org.br >> O que fazer – dicas (menu à esquerda).

DICA DO CONSULTOR

O que é consumo consciente?

Segundo o próprio Instituto Akatu, consumo consciente é aquele "consumo com consciência de seu impacto e voltado à sustentabilidade. O consumidor consciente busca o equilíbrio entre a sua satisfação pessoal e a sustentabilidade, maximizando as conseqüências positivas deste ato não só para si mesmo, mas também para as relações sociais, a economia e a natureza". Na prática, comprar de empresas socialmente responsáveis e, por exemplo, racionalizar o uso da água e energia são práticas de consumo consciente.

Site 27 — Portal do Cidadão – Ministério da Justiça

http://www.mj.gov.br

CATEGORIAS

Direito do consumidor, orientação ao consumidor, código de defesa do consumidor, proteção do consumidor, legislação, educação para o consumo.

DESCRIÇÃO

O Ministério da Justiça, por meio do chamado Portal do Cidadão, oferece conteúdo de qualidade sobre o tema educação para consumo: desde cartilhas com orientações gerais até jogos educativos estão disponíveis.

DESTAQUES

- **Para gastar bem, é importante conhecer seus direitos.**
    - Cartilha com diferentes itens, entre eles: "Direitos básicos do consumidor" e "Práticas abusivas". É o passo inicial para aqueles que, como consumidores, desejam conhecer mais sobre seus direitos.
        - ➡ http://www.mj.gov.br >> Direito do consumidor (menu à esquerda) >> Educação para o consumo >> Cartilha do consumidor >> *Download* da cartilha em PDF – com imagens.
- **Questões sobre cheque especial, cartão de crédito e previdência privada**
    - O cartão de crédito, por exemplo, faz parte do dia-a-dia de muitos. Assim, o MJ disponibiliza cadernos com as principais questões sobre o tema. O mesmo é feito para o cheque especial e a previdência privada.
        - ➡ http://www.mj.gov.br >> Direito do consumidor (menu à esquerda) >> Educação para o consumo >> Cadernos do DPDC.
- **Consumidor mirim**
    - O site aglutina as iniciativas de educação do consumidor elaboradas por Procons de diferentes estados. Você encontrará uma série de cartilhas, textos e folders sobre diferentes temas. Destaque para um jogo educativo **Na trilha do Consuminho**, onde, ao jogar, são mencionados diferentes conceitos relativos à educação do consumidor.

➡ http://www.mj.gov.br >>, clique em Direito do consumidor (menu à esquerda) >> Educação para o consumo >> Catálogo de defesa do consumidor >> Busque por "São Paulo" >> Jogo "Na trilha do Consuminho".

CASO PRÁTICO
Conhecendo seus direitos

Lúcia, 40 anos, psicóloga, poupou parte de sua renda por seis meses com o objetivo de modernizar os armários de sua cozinha. Já havia até contado às amigas sobre sua nova cozinha, com armários todos brancos. Pois bem, contratou o marceneiro, negociou o preço, aguardou um mês e ao chegar à cozinha, a decepção: era cor bege, o marceneiro errou.

Para conhecer exatamente seus direitos, Lúcia consultou a Cartilha do Consumidor do Ministério da Justiça e aprendeu que podia exigir a troca da cozinha, um abatimento no preço ou mesmo o dinheiro de volta, com correção. Pronto, agora era chamar o marceneiro e negociar.

DICA DO CONSULTOR
Ajuda presencial ou por telefone

As entidades citadas neste livro (como o próprio Ministério da Justiça e os Procons), além dos recursos na Internet, também oferecem ajuda presencial ou por telefone. Assim, caso tenha uma dúvida pontual, não respondida por meio da Internet, entre em contato.

Site 28 IDEC – Instituto Brasileiro de Defesa do Consumidor
http://www.idec.org.br

CATEGORIAS

Consumidor, consumo, orientação ao consumidor, direito do consumidor.

DESCRIÇÃO

O IDEC é uma associação de consumidores sem fins lucrativos e também sem qualquer vínculo com empresas, governos ou partidos políticos. A missão do IDEC é promover a educação, a conscientização, a defesa dos direitos do consumidor e a ética nas relações de consumo. A seção **Educação para o consumo** é o destaque.

DESTAQUES

☐ Cartilha "Seu Plano de Saúde"
- A cartilha **Seu Plano de Saúde** aborda de maneira extensa o que o consumidor deve pesquisar ao contratar um plano de saúde e quais os direitos no momento de usufruir do plano. "Conheça as armadilhas dos planos de saúde", "Exclusões e limitações de coberturas" e "No momento da internação" são exemplos de tópicos abordados. A cartilha apresenta também diversos modelos de cartas, prontas para você enviar ao seu plano de saúde, fazendo uma solicitação sobre determinado assunto.
  - ➡ http://www.idec.org.br >> Educação para o consumo (menu à esquerda) >> Seu Plano de Saúde: Conheça os Abusos e Armadilhas.

☐ Dicas da "Leonora, a Consumidora"
- A série **Leonora, a Consumidora** foi produzida pelo IDEC em parceria com o Canal Futura. Os filmes são estrelados pela personagem Leonora, uma dona de casa que enfrenta os problemas mais freqüentes nas relações de consumo. No site, é possível ler as dicas da Leonora sobre diferentes temas como bancos, plano de saúde, cartão de crédito e serviços públicos.
  - ➡ http://www.idec.org.br >> Educação para o consumo (menu à esquerda) >> Leonora, a Consumidora.

☐ Guia "Essa Turma Ninguém Passa Para Trás"
- Guia para jovens entre 11 e 14 anos de idade em linguagem didática. Tem como objetivo levar informações que contribuam para a

conscientização sobre seus direitos e também sobre suas responsabilidades como consumidores.

➡ http://www.idec.org.br >> Educação para o consumo (menu à esquerda) >> Essa Turma Ninguém Passa Para Trás.

DICA DO CONSULTOR
Como resolver um problema com o seu plano de saúde?

O primeiro passo para resolver um problema com o plano de saúde é se informar sobre seus direitos. Os sites do IDEC, da ANS e do Procon, mencionados neste livro, são ótimas referências. Com as informações necessárias, é interessante que a primeira tentativa seja feita através da formalização, por escrito, da queixa. É importante que seja guardado um comprovante do recebimento da queixa pela empresa – uma carta com Aviso de Recebimento (AR) é uma opção. Ao redigir a reclamação, deve-se fixar um prazo para a empresa resolver o problema. Caso não consiga uma solução, procurar os órgãos de defesa do consumidor ou a Justiça é o próximo passo.

A cartilha **Seu Plano de Saúde**, do IDEC, possui diversos modelos de cartas aos planos de saúde, abordando diferentes assuntos, prontos para serem utilizados.

Avaliando sua Situação Atual | Coleção **EXPO MONEY**

Site 29 · Febraban – Federação Brasileira de Bancos
http://www.febraban.org.br

CATEGORIAS

Bancos, serviços bancários, tarifas bancárias, comparação de tarifas.

DESCRIÇÃO

A Febraban (Federação Brasileira de Bancos) é a principal entidade que representa os bancos no Brasil. O site apresenta orientações para o bom uso dos serviços bancários. Tem como destaque o projeto **STAR** (Sistema de Divulgação de Tarifas de Serviços Financeiros), concebido para propiciar maior transparência e comparabilidade real às tarifas praticadas pelas Instituições Financeiras.

DESTAQUES

☐ **Qual banco é mais barato?**
- A Febraban lançou o projeto **STAR**: Sistema de Divulgação de Tarifas de Serviços Financeiros. Na prática, é possível comparar as tarifas praticadas pelas Instituições Financeiras.
  ➡ http://www.febraban.org.br >> Star (à direita) >> Comparar tarifas entre os bancos (à direita).

☐ **Dicas para clientes de bancos**
- Como evitar filas, por quais serviços o banco não pode cobrar e como encerrar uma conta bancária são algumas das orientações fornecidas pelo site. O item **Uso de Cheques** é bastante interessante, pois dá todas as explicações sobre o cheque; por exemplo, formas de emissão de cheque, prazo de prescrição, prazo de liberação de depósitos.
  ➡ http://www.febraban.org.br >> Dicas para clientes (menu à esquerda dentro da categoria À Sociedade) >> Escolha a informação desejada.

☐ **Guia completo sobre serviços bancários**
- Um verdadeiro livro sobre o funcionamento de um banco, a Cartilha **Você e seu banco** aborda questões sobre os produtos e serviços oferecidos por um banco. Desde a abertura de uma conta corrente até a aplicação em um fundo de investimento.
  ➡ http://www.febraban.org.br >> Publicações (menu à direita) >> Cartilha Você e seu banco.

CASO PRÁTICO
Comparando Tarifas

Márcia, 34 anos, dentista, está insatisfeita com o seu banco atual e deseja mudar. O Banco A e o Banco B lhe pareceram boas alternativas, em função da proximidade com o seu local de trabalho. A dentista decide, então, utilizar o projeto STAR, da Febraban, para comparar as tarifas dos dois bancos.

É possível comparar tarifas de cadastro, cartões, cheques, conta corrente, empréstimos e transferências. Como faz muitos DOCs para seus familiares, Márcia usou a comparação das tarifas de "Emissão de DOC":

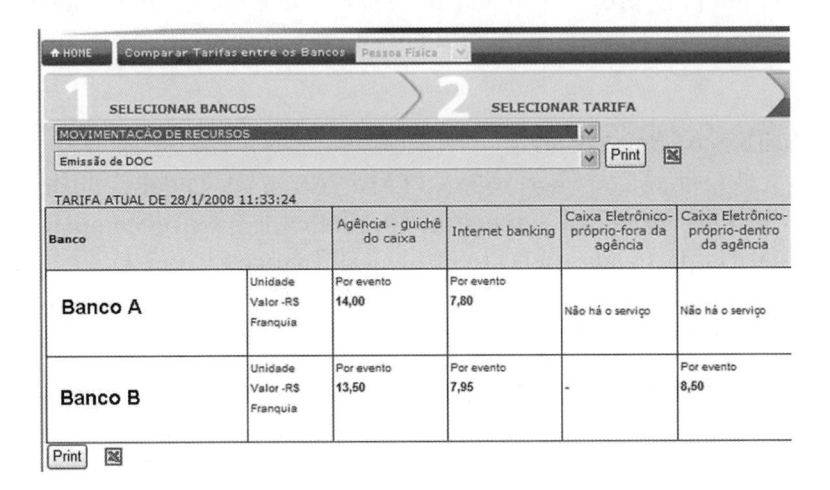

Banco		Agência - guichê do caixa	Internet banking	Caixa Eletrônico-próprio-fora da agência	Caixa Eletrônico-próprio-dentro da agência
Banco A	Unidade Valor -R$ Franquia	Por evento 14,00	Por evento 7,80	Não há o serviço	Não há o serviço
Banco B	Unidade Valor -R$ Franquia	Por evento 13,50	Por evento 7,95	-	Por evento 8,50

Márcia, que costuma fazer os DOCs via Internet, percebe que há uma pequena vantagem para o Banco A. Diferença pequena, porém, para justificar a escolha: a pesquisa deve continuar (ver **Dica do consultor**).

DICA DO CONSULTOR
Escolhendo o seu banco

Ao escolher o seu banco, comparar as tarifas é muito importante. Porém, lembre-se de avaliar também o relacionamento com o gerente. É fundamental buscar um gerente que retorne as suas ligações, informe sobre os melhores produtos de investimento e, em uma situação emergencial, consiga empréstimos a juros baixos. Um bom caminho é pedir indicações para amigos e familiares.

Site 30 Defenda-se

http://www.defenda-se.inf.br

CATEGORIAS

Consumo, imóveis, leis, dicas, impostos orientação para o consumo.

DESCRIÇÃO

O Defenda-se é um extenso guia com dicas práticas sobre assuntos do dia-a-dia relacionados a temas como "consumidor, imóveis, serviço público e trabalho". O site é elaborado pelo *Jornal da Tarde* (JT).

DESTAQUES

☐ **Use a busca**
- Como o conteúdo do defenda-se é extenso, o destaque é a ferramenta de busca: na certa, a maneira mais ágil de encontrar o que você procura.
  ➡ http://www.defenda-se.inf.br >> Digite no campo de busca o tema a ser encontrado (canto superior direito).

CASO PRÁTICO

Alugando um imóvel

A jovem universitária Clara passou no concorrido vestibular para medicina. O próximo passo era alugar um apartamento na capital. Para conhecer mais sobre o assunto, buscou o termo "aluguel" no Defenda-se e obteve diversas informações e dicas, como "O que o inquilino de um apartamento deve pagar além do aluguel?" e "O que deve constar, obrigatoriamente, nos contratos de aluguel?". Bem informada, estava pronta para assinar o contrato de aluguel.

DICA DO CONSULTOR

Pesquise para aumentar o seu poder na negociação

Antes de uma aquisição importante como, por exemplo, a compra de um automóvel ou o aluguel de um apartamento, é fundamental que você pesquise os seus direitos e obrigações. Na certa, esta pesquisa apontará precauções que você deve tomar e também direitos que deve solicitar. Não entre em um negócio que você não conheça totalmente. E, para conhecer, pesquise e pergunte à vontade.

CAPÍTULO 3

Criando o seu Plano

O capítulo **Criando o seu Plano** é fundamental para seu sucesso financeiro. É neste momento que você deve traçar seus objetivos financeiros e, com a ajuda de simuladores, detalhar quanto poupar e por quanto tempo. Seu plano começará a ganhar forma, sendo muito importante que você use também os conhecimentos já aprendidos por meio dos sites anteriores.

Criando o seu Plano | Coleção **EXPO MONEY**

Site 31 Revista Vida Simples
http://www.revistavidasimples.com.br

CATEGORIAS

Qualidade de vida, valores, consumismo, equilíbrio, felicidade.

DESCRIÇÃO

A revista *Vida Simples*, do Grupo Abril, aborda temas humanos como felicidade, ansiedade, valores essenciais, individualidade etc. O ponto-chave para um bom planejamento financeiro é entender seus objetivos futuros. Neste sentido, as matérias da revista são excelentes recursos para estimular a sua reflexão sobre seus projetos de vida.

DESTAQUES

- **O seu sonho está na revista?**
  - A seção **Grandes Temas** do site fará você pensar. Alguns exemplos são: "O verdadeiro luxo. Não tem a ver com roupas de grife, mansões e diamantes. Muito menos é algo para poucos afortunados. Surpresa: o mapa dessa mina está mais próximo do que você imagina." ou "A gota d'água. A repórter passou um mês consumindo apenas o essencial. E descobriu que é possível, sim, economizar quando se deseja comprar coisas maiores – uma vida melhor, por exemplo."
  - ➡ http://www.revistavidasimples.com.br >> Grandes Temas (menu superior) >> Escolha a matéria.

CASO PRÁTICO

Repensando o encontro com os amigos

Joana tem o hábito, há anos, de encontrar semanalmente seus amigos para "bater um papo". Os encontros, sempre em um bar ou restaurante, acabam saindo caro e estão pesando no orçamento da jovem publicitária.

Disposta a melhorar sua situação financeira, Joana expôs a questão para os amigos, todos de longa data. Descobriu, então, que não era só no orçamento dela que os encontros andavam pesando: o casal amigo Sérgio e Alice vivia situação semelhante. Porém o encontro com os amigos era uma das grandes alegrias semanais... O que fazer? Foi aí que o Sérgio deu a idéia: "que tal nos encontrarmos cada semana na casa de um?!".

Pronto; a tradição estava mantida, uns levavam salgados, outros doces, outros bebidas etc. Todos se encontravam e ainda se admiravam com as habilidades culinárias – antes desconhecidas – dos amigos. Um bom exemplo de uso da criatividade para repensar os hábitos do dia-a-dia.

DICA DO CONSULTOR
Dinheiro para quê?

Muitas vezes, um consultor financeiro é procurado e o cliente afirma "quero ganhar o máximo em meus investimentos". Na certa, o consultor pode ajudar, mas "o máximo" é bastante genérico. É muito importante avaliar os objetivos financeiros para, depois, traçar uma estratégia de investimento. Os sonhos a serem conquistados são a base para traçar o plano. O planejamento de uma pessoa que deseja comprar carros importados, casa na praia e no campo, com certeza, é diferente daquele que deseja levar uma vida modesta, porém conquistar a independência financeira o quanto antes. O planejamento é elaborado em função dos objetivos e desejos; por isso, pense muito no que deseja conquistar.

O que é independência financeira? Como calcular a sua?

Conquistar a independência financeira significa possuir um patrimônio – investimentos financeiros ou, por exemplo, imóveis alugados – que gere rendimentos suficientes para cobrir as suas despesas mensais.

Na prática, imagine que o Mário gasta mensalmente R$6.000 por mês. Muito precavido, se planejou e construiu o seguinte patrimônio:

- ☐ Uma sala comercial que rende R$1.000 de aluguel por mês.
- ☐ R$1 milhão investido. Imaginando uma taxa de juros real de 0,5% ao mês (veja site 32), é possível afirmar que o R$1 milhão do Mário lhe rende R$5.000 por mês livres de impostos e da inflação.

Moral da história: o patrimônio do Mário lhe rende R$1.000 do aluguel mais R$5.000 dos investimentos, totalizando R$6.000, exatamente o valor das despesas mensais. O patrimônio do Mário gera rendimentos suficientes para cobrir as despesas; logo, Mário conquistou a sua independência financeira.

Para você fazer uma conta rápida e ter um primeiro referencial de quanto precisa para a independência financeira, pense que 0,5% ao mês de juros reais é uma taxa conservadora e, portanto, uma boa estimativa. Considere então que a cada R$1 milhão poupado, são garantidos R$5.000 ao mês. Se você precisar de R$10.000 ao mês, precisará de R$2 milhões. Se precisar de R$2.500 para a independência financeira, sua meta é R$500 mil. É claro que você pode fazer outros cálculos com diferentes taxas de rentabilidade: aproveite e use os diversos simuladores disponíveis na Internet e indicados neste livro.

Site 32   Mais Dinheiro

http://www.maisdinheiro.com.br

CATEGORIAS

Planejamento financeiro pessoal, orçamento, simuladores, dicas, economia doméstica, independência financeira.

DESCRIÇÃO

Web site de Gustavo Cerbasi, autor do best-seller *Casais inteligentes enriquecem juntos*. Dicas e conteúdo sobre finanças pessoais grátis. Os simuladores e a planilha de orçamento são os destaques!

DESTAQUES

☐ **Planilha de orçamento**
- Planilha em Excel para controle de receitas e despesas mensais. Já inclui categorias: habitação, saúde, lazer, educação etc. Prevê também o controle dos investimentos.
  ➡ http://www.maisdinheiro.com.br >> Simuladores (menu à esquerda) >> Encontre o item Orçamento Familiar.

☐ **Simulação de Poupança**
- Descubra quanto você terá poupado em 1, 10 ou 20 anos, economizando, por exemplo, R$100, R$200 ou R$2.000 reais por mês. Basta preencher os campos do simulador.
  ➡ http://www.maisdinheiro.com.br >> Simuladores (menu à esquerda) >> Encontre o item Simulação de Poupança.

☐ **Simulação de Aposentadoria**
- Descubra quanto você precisa poupar por mês, para garantir determinada renda na sua aposentadoria.
  ➡ http://www.maisdinheiro.com.br >> Simuladores (menu à esquerda) >> Encontre o item Simulação de Aposentadoria.

☐ **Comprar ou Alugar: qual a melhor opção?**
- Descubra se é melhor comprar o imóvel financiado e pagar a parcela do financiamento, ou então alugar o imóvel e poupar a diferença entre o aluguel e a parcela do financiamento. Em qual das alternativas você compra o seu apartamento antes?!
  ➡ http://www.maisdinheiro.com.br >> Simuladores (menu à esquerda) >> Encontre o item Comprar ou Alugar.

☐ **Tabela Price e Tabela SAC**
  ○ Simule a sua aquisição por meio da Tabela Price e da Tabela SAC e avalie qual a melhor opção.
    ➡ http://www.maisdinheiro.com.br >> Simuladores (menu à esquerda) >> Encontre os itens Tabela Price e Tabela SAC.

CASO PRÁTICO

Arthur: o poupador

Aos 25 anos já poupa, mensalmente, 20% da sua remuneração, equivalentes a R$200 (duzentos reais) mensais. Arthur conta hoje com uma poupança de R$10.000 (dez mil reais). O rapaz tem a expectativa que seus investimentos gerem rendimentos da ordem de 1,3% ao mês, projeta uma inflação de 0,4% ao mês.

Conhecendo o simulador de poupança do site Mais Dinheiro, Arthur faz o *download* e se pergunta: *Em 30 anos (360 meses = 30 anos vezes 12 meses), quanto terei poupado?*

Arthur, então, preenche os campos em vermelho da planilha:

☐ Poupança já existente: R$10.000
☐ Tempo de poupança: 360 meses
☐ Rentabilidade mensal da aplicação: 1,3%
☐ Inflação: 0,4%
☐ Aplicação mensal: R$200

Descobre que, em 30 anos, terá poupado um total de R$449.436,32. Nada mal!

Antônio e a preocupação com a aposentadoria que vem chegando

Inês, a esposa do Antônio, anda inquieta. Eles têm 50 anos e, preocupados com o futuro, vêm poupando há um longo tempo. No banco, em fundos de investimentos, possuem R$400.000 (quatrocentos mil reais) depositados.

O casal sabe que, em 10 anos, deseja se aposentar. Precisarão então de R$5.000 (cinco mil) de aposentadoria complementar. Ou seja, precisam poupar um montante que, aplicados, gerem juros de R$5.000 mensais. Querem a independência financeira! *É aí que bate a dúvida: quanto poupar por mês para chegar lá?*

Utilizando o simulador de aposentadoria do site Mais Dinheiro, preenchem os campos em vermelho:

- Renda pretendida: R$5.000
- Poupança que já têm: R$400.000
- Tempo de poupança: 10 anos ou 120 meses (10 anos vezes 12 meses)
- Estimam a rentabilidade das aplicações em 1% ao mês (a.m.) e projetam a inflação em 0,3% ao mês (a.m.)
- Imposto de renda das aplicações: 15% sobre os rendimentos

Resultado, Inês e Antônio descobrem, pela simulação, que precisarão poupar R$832,51 por mês. Ótimo, agora sabem como chegar lá!

Comprar financiado ou alugar?

Faltam dois meses para o casamento de Maria e Igor. O casal pensa seriamente sobre a futura moradia. A alternativa do financiamento é a primeira que vem à cabeça, mas Igor ouviu no rádio esta manhã a entrevista de um consultor financeiro que sugeriu algo diferente.

A recomendação foi alugar um imóvel e poupar a diferença entre a parcela do financiamento e o aluguel. Por exemplo, se o financiamento terá uma parcela de R$1.000 e o aluguel do imóvel custa R$600, disse o consultor que é melhor poupar a diferença de R$400 todo mês e com esta poupança em um prazo inferior ao do financiamento será possível adquirir o imóvel.

Maria – que odeia dívidas – gostou da idéia e logo se lembrou do simulador do site Mais Dinheiro. Abriu a planilha e preencheu os campos em vermelho:

- Valor do imóvel: R$100.000 é o valor do imóvel que o casal deseja adquirir.
- Valor do aluguel: R$600 é o quanto Maria e Igor pagariam por mês para alugar um apartamento no mesmo prédio em que há o apartamento de R$100.000 para venda.
- Taxa de financiamento: 1% ao mês foi o valor referência que o gerente do Banco de Maria informou.
- Tempo de financiamento: 20 anos ou 240 meses.
- Rentabilidade mensal da aplicação: o casal estabeleceu o objetivo de 1% ao mês bruto (ou seja, sem descontar a inflação).
- Inflação mensal: 0,3% ao mês foi a previsão do casal.

Curiosos, Maria e Igor interpretam o resultado. O simulador indica que o financiamento terá uma parcela de R$1.101,09; como o aluguel é de R$600, se a opção for pelo aluguel e por poupar a diferença do valor do aluguel em relação a parcela do financiamento, será possível fazer uma poupança de R$501,09 ao mês (R$1.101,09 menos R$600)! Maria se animou: poupar e não financiar! Os R$501,09 investidos mês a mês, segundo o simulador, criariam uma poupança que alcançaria o valor do apartamento em 135 meses ou 11,3 anos.

Moral da história: se pouparem a diferença, a compra do apartamento que demoraria 20 anos será feita em 11 anos. Maria e Igor percebem que, financeiramente, a melhor decisão para eles é alugar! Decididos, ligam para a imobiliária e fazem uma proposta de R$550 para o mesmo apartamento. Maria, empolgada, comenta: "se a proposta de R$550 for aceita, teremos ainda mais R$50 reais todo mês para poupar!".

DICA DO CONSULTOR
Sobre a rentabilidade projetada

Uma dúvida freqüente ao utilizar os simuladores de poupança e aposentadoria é: qual taxa de rentabilidade deve ser utilizada?

Aqui, vale explicar o conceito de taxa bruta de rentabilidade e taxa líquida ou real. É simples: a taxa de rentabilidade líquida já desconta os impostos e a inflação, ou seja, o quanto na realidade o seu dinheiro cresceu; a taxa de rentabilidade que o seu banco informa, usualmente, é a taxa de rentabilidade bruta.

Na prática, se no último ano um fundo apresentou a rentabilidade bruta de 12%, a inflação foi de 4% e os impostos de 15%, a rentabilidade real é próxima a 6% ao ano. Veja o gráfico.

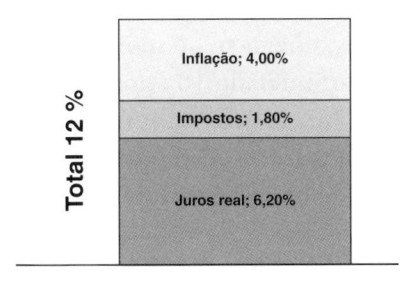

Total 12 %	Inflação; 4,00%
	Impostos; 1,80%
	Juros real; 6,20%

A dúvida sobre qual taxa utilizar ainda persiste? Pois bem, um número conservador a ser utilizado para o longo prazo é a taxa de 6% ao ano de *juros reais* ou 0,5% ao mês. Se você apimentar sua carteira migrando para aplicações com perfil moderado ou arrojado, utilize taxas maiores na simulação. Porém, a título de simulação, é interessante fazer diferentes cenários e em um deles seja conservador: a taxa de 12% ao ano com 4% de inflação e 15% de impostos que resulta em 6% ao ano de juros reais é uma boa sugestão para você realizar a sua simulação conservadora.

Faz diferença começar a poupar o quanto antes

"Pena que não comecei a planejar minhas finanças há 10 anos" ou "se eu tivesse conversado com você, não teria feito este financiamento..." são reflexões que um consultor em finanças pessoais ouve com freqüência. De fato, faz uma diferença brutal iniciar o planejamento das finanças aos 30 anos e não aos 60 anos. Sempre é tempo para começar, independentemente da idade; no entanto, começar a poupar o quanto antes faz muita diferença.

Dois exemplos simples. O primeiro é o valor de 1 (um) real no tempo. Imagine uma taxa de juros real (descontada a inflação) de 8% a.a. Assim, temos:

Hoje	10 anos	20 anos	30 anos
R$ 1,00	R$ 2,16	R$ 4,66	R$ 10,06

Moral da história, investir R$1,00 hoje é o equivalente a R$2,16 em 10 anos ou R$ 10,06 em 30 anos. Em um exemplo mais real, podemos multiplicar a tabela por R$10.000. E teríamos que R$10.000 hoje aplicados equivalem a R$110.600,00 em 30 anos.

Agora, uma segunda hipótese: poupar todo mês 1 (um) real e aplicá-los com os mesmos juros reais de 8% a.a. do exemplo.

Interpretando a tabela a seguir, percebe-se que aplicando R$1,00 ao mês durante 30 anos, chega-se ao montante de R$1.408,00. Se o processo de poupança for iniciado 10 anos depois, para chegar à mesma quantia de R$1.408,00 em vez de poupar R$1,00 todo mês, são necessários R$2,47 por mês. Iniciando com 20 anos de "atraso", são necessários R$7,82 de poupança mensal. Ou seja: 7 vezes mais!

Hoje	10 anos	20 anos	30 anos
R$ 1,00 (por mês)	R$ 180,00	R$ 569,00	R$ 1.408,00
	R$ 2,47 (por mês)	R$ 445,00	R$ 1.408,00
		R$ 7,82 (por mês)	R$ 1.408,00

Em um exemplo prático, se Jorge resolver poupar R$100,00 todo mês desde os 25 anos, terá ao final de 30 anos – com 55 anos –

R$140.800,00 (para chegar a este valor, basta multiplicar o valor da tabela por 100). Seu amigo Manoel gostou da idéia e deseja também chegar aos 55 anos com a mesma quantia de dinheiro. Porém, só começou a poupar aos 45 anos de idade. Ou seja, terá que poupar R$782,00 em vez de apenas R$100,00 todo mês.

Esses exemplos mostram a vantagem em termos matemáticos de se beneficiar desde cedo do hábito de poupar e dos juros compostos.

PARTE II
Investimentos

CAPÍTULO 4: Conceitos Iniciais sobre Investimentos

CAPÍTULO 5: Economia

CAPÍTULO 6: Produtos de Investimento

CAPÍTULO 7: Aposentadoria

CAPÍTULO 8: Informação

CAPÍTULO 4

Conceitos Iniciais sobre Investimentos

A primeira parte deste livro abordou o planejamento financeiro: conceitos básicos, educação financeira, orçamento, determinação de objetivos, metas de poupança, entre muitos outros assuntos. Agora é hora de ir um passo além e definir quais meios serão utilizados para colocar seu plano na prática. Ou seja, é o momento de falar sobre investimentos.

Se você organizou o orçamento e começou a poupar, é hora de definir onde aplicar a poupança formada. Se traçou um plano que busque rentabilidade média de 8% ao ano nos próximos anos, chegou a vez de descobrir como conseguir os 8% ao ano, entre muitas outras descobertas a serem feitas. Afinal, trata-se de um assunto extenso, porém muito útil para o seu sucesso financeiro. Lembre-se de que R$500 aplicados todo mês por 20 anos à taxa de 0,7% ao mês formarão uma poupança de R$309.588; caso a rentabilidade seja 0,2% a mais (0,9% ao mês), o montante formado será de R$421.542. A diferença é significativa! Uma das maneiras de obter melhores retornos é estudar mais o tema investimentos e, com certeza, a Internet é uma excelente biblioteca para este estudo.

É possível aprender muito sobre investimentos na Internet. Aproveite esta oportunidade!

Antes de entender quais os produtos de investimento disponíveis, é importante estudar os conceitos básicos: "avaliar o seu perfil de risco", "consultar um dicionário de termos financeiros", "entender exatamente o que é investir" etc. O capítulo **Conceitos Iniciais** contém sites com boas introduções sobre o tema investimentos.

Site 33   Portal do Investidor

http://www.portaldoinvestidor.gov.br

CATEGORIAS

Investimentos, conteúdo, investimentos para crianças, ações, fundos, bolsa de valores, orçamento doméstico, planejamento financeiro pessoal.

DESCRIÇÃO

Criado pela CVM (Comissão de Valores Mobiliários), o Portal do Investidor leva informações principalmente para o público que deseja investir. Boa parte do conteúdo é para iniciantes, porém, temas mais complexos como "derivativos" também são abordados. O destaque vai para a interação com o usuário por meio de jogos e histórias interativas.

DESTAQUES

☐ **Por que investir e onde investir?**
- Se o objetivo do site é orientar investidores, os temas "por que investir" e "onde investir" não poderiam ficar de fora. Destaques para os textos: "Traçando objetivos", "Como chegar lá" e "Qual o melhor investimento para você".
  ➡ http://www.portaldoinvestidor.gov.br >> Investidor (parte inferior) >> Por que investir e Onde investir (menu à esquerda).

☐ **Aprendendo a investir com vídeos**
- Vídeos didáticos elaborados por jornalistas, ensinando diferentes temas sobre investimentos. Destaque para o vídeo **Como investir**, que aborda os tópicos: fundos de investimento, ações e títulos públicos. Também há vídeos de temas mais avançados, como: "Opções de Investimento – Mercados Futuros: Saiba mais sobre o mercado de contratos futuros mininegociados na Bolsa de Mercadorias e Futuros – BMF".
  ➡ http://www.portaldoinvestidor.gov.br >> Investidor (parte inferior) >> Vídeos (menu à esquerda).

☐ **Interatividade**
- Para tornar o tópico das finanças mais ameno, o site criou formas interativas de aprendizado. É o caso das seções **Desafios** e **Histórias Interativas**. São jogos ou histórias em que você decide qual caminho o personagem deve seguir, sempre com a temática dos investimentos.

➡ http://www.portaldoinvestidor.gov.br >> Acadêmico (parte inferior) >> Desafios ou Histórias interativas (menu à esquerda).

☐ **Finanças para seu filho**
  ○ A formação dos futuros investidores também é contemplada pelo portal do investidor. São disponibilizadas três histórias em quadrinhos: "Aprendendo a poupar", "Conhecendo a bolsa de valores" e "Clubinho de investimento".

  ➡ http://www.portaldoinvestidor.gov.br >> Acadêmico (parte inferior) >> Histórias em quadrinhos (menu à esquerda).

☐ *E-learning*: **cursos via Internet gratuitos!**
  ○ O Portal do Investidor disponibiliza dois cursos gratuitos: "Matemática Financeira Básica" e "Administrando seu Orçamento". O curso sobre matemática financeira, por exemplo, tem 5h de duração e apresenta como tópicos: "Introdução à Matemática Financeira", "Regime de juros simples", "Regime de capitalização a juros compostos" e "Aplicações práticas". Vale a pena conferir.

  ➡ http://www.portaldoinvestidor.gov.br >> Acadêmico (parte inferior) >> *E-learning* (menu à esquerda). É necessário realizar um cadastro gratuito para acessar o curso. A senha é enviada para o e-mail do futuro aluno.

CASO PRÁTICO

Utilize os juros a seu favor

O professor de finanças ensinou: "Compreender conceitos básicos de Matemática Financeira é muito importante para tomar decisões financeiras corretas. É fundamental entender a diferença entre financiar a aquisição de um bem e poupar para adquirir à vista. Usem os juros a seu favor, poupando e recebendo juros e não contra vocês, financiando e pagando juros." O aluno Túlio saiu da aula feliz, estava decidido a aprender mais sobre Matemática Financeira. No mesmo dia, matriculou-se no curso on-line sobre Matemática Financeira do Portal do Investidor.

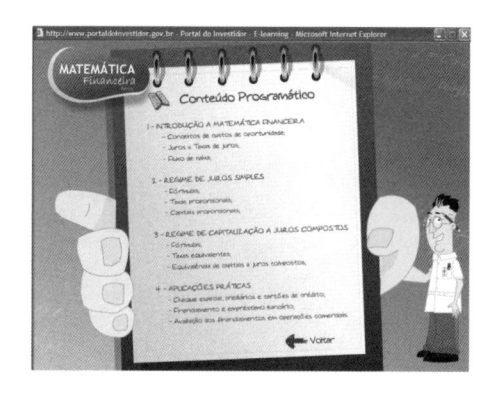

Passadas algumas semanas, Túlio finalizou o curso e demonstrava a todos as vantagens de se utilizar os juros a seu favor. Corretamente, Túlio criou o seguinte exemplo: imagine aquela TV dos sonhos que custa R$4.000; ao financiá-la em 24 vezes, com taxa de juros de 3% ao mês, você terá que pagar 24 parcelas de R$236. Caso decida poupar os R$236 e investi-los, conservadoramente, ganhando 0,5% ao mês, em 16 meses já terá o suficiente para adquirir a TV. Uma economia de 8 parcelas!

DICA DO CONSULTOR

Aproveite os cursos on-line

Diferentes sites citados neste livro oferecem cursos on-line gratuitos. Um exemplo é o site 82 (JurisWay). Aproveite a oportunidade de aprender mais sobre finanças, contando com a flexibilidade de um curso via Internet, em que você escolhe o horário das aulas.

Site 34   Revista Você SA

http://www.vocesa.com.br

CATEGORIAS

Dinheiro, finanças pessoais, ações, investimentos, planejamento financeiro pessoal, simuladores, testes.

DESCRIÇÃO

A revista *Você SA* é umas das principais publicações nacionais sobre gestão de carreira. Uma das dimensões da boa gestão da carreira é a dimensão financeira. Neste sentido, a revista vem dando bastante destaque à temática das finanças pessoais e planejamento financeiro. Este destaque se reflete no conteúdo disponibilizado na Internet.

DESTAQUES

☐ **Qual o seu perfil de investidor?**
- Teste para você avaliar o seu perfil de investidor: conservador, moderado ou agressivo.
  ➡ http://www.vocesa.com.br >> Testes (menu à esquerda) >> Conheça seu perfil de investidor.

☐ **Conteúdo: Seu dinheiro**
- Reportagens sobre finanças em geral, sempre com foco na pessoa física.
  ➡ http://www.vocesa.com.br/dinheiro/; ou
  ➡ http://www.vocesa.com.br >> Central de Finanças (menu à esquerda)

☐ **Conteúdo: Guia de Ações**
- Reportagens sobre o mercado acionário. Normalmente, apresentam nível básico; portanto, são uma ótima opção para os iniciantes.
  ➡ http://www.vocesa.com.br >> Guia de Ações (menu à esquerda)

CASO PRÁTICO

Conversando sobre investimentos

Helena e Renato nem sempre se entendiam ao escolher os investimentos do casal. Helena é empreendedora, assume mais risco, gosta de investimentos mais agressivos, como a renda variável. Já o Renato não troca a estabilidade do seu emprego por nada e, se dependesse só dele, toda a poupança do casal iria para a renda fixa. E os dois ficavam sempre na mesma discussão: renda fixa ou renda variável.

Até que um dia, tiveram a idéia de realizar juntos o teste **Conheça o seu perfil de investidor**. Mais do que um resultado, o exercício permitiu ao casal conversar sobre suas respostas às perguntas do teste. Helena entendeu o ponto de vista do Renato e vice-versa. Os dois chegaram a um bom meio-termo, conversar foi a solução.

DICA DO CONSULTOR

Além do perfil do investidor

O perfil do investidor é um instrumento utilizado para avaliar o grau de risco que o investidor suporta. Sua aplicação prática está relacionada à escolha dos investimentos: um investidor agressivo suporta correr mais risco e, portanto, pode aplicar uma porcentagem maior do seu patrimônio em ações, por exemplo. Embora o perfil do investidor seja um dado importante, deve-se analisar também outros atributos como, momento de vida em que o investidor se encontra e horizonte de tempo do investimento. Por exemplo, um jovem solteiro e sem filhos, que deseja aplicar para a sua aposentadoria (longo prazo), ainda que bastante conservador e avesso a risco, pode sim pensar em aplicar uma parcela de suas reservas em ativos de risco, como ações.

Site 35   EnFin – Enciclopédia de Finanças

http://www.enfin.com.br

CATEGORIAS

Dicionário, glossário, termos financeiros, termos econômicos.

DESCRIÇÃO

A Enciclopédia de Finanças (Enfin) é uma enciclopédia ou um dicionário que descreve dezenas de termos financeiros. A qualidade do conteúdo é o ponto forte: a bibliografia utilizada é citada e o site conta com a supervisão do Professor Marcos Eugênio Silva, do departamento de economia da FEA-USP.

DESTAQUES

☐ **Uma palavra leva à outra.**
- Os verbetes descritos são ligados a outros verbetes por meio de links. Por exemplo, ao buscar "fundo de investimento", a descrição inclui o verbete "quota"; basta clicar em "quota" e a descrição aparece.
   ➡ http://www.enfin.com.br

CASO PRÁTICO

Que língua é essa?

O designer gráfico Fernando está poupando para fazer um intercâmbio em três anos. Pediu orientação de investimentos para a sua gerente do seu banco e ouviu: "como o seu horizonte de tempo é superior a um ano, ao invés de um CDB, ou fundo RF, recomendo uma aplicação que ganhe do CDI. Um fundo multimercado moderado, que invista parte do patrimônio em renda variável é a minha recomendação".

CDB, RF (renda fixa), CDI, multimercado e renda variável de uma só vez. Fernando agradeceu à gerente e disse que ia pensar; ou melhor, estudar o assunto. Disposto a traduzir a fala da gerente, acessou a Enciclopédia de Finanças e pesquisou o significado dos termos utilizados. Por fim, concluiu: a recomendação de fato fazia sentido.

DICA DO CONSULTOR
Não compre o que você não entende

Os produtos financeiros muitas vezes envolvem siglas e termos técnicos que não fazem parte do dia-a-dia da grande maioria das pessoas. Fundo DI, fundo RF, CDI e CDB são exemplos. Antes de adquirir um produto de investimento, busque conhecer mais a respeito. A Enciclopédia de Finanças, nesse sentido, será muito útil.

CAPÍTULO 5

Economia

Compreender conceitos relacionados à "economia" é muito importante para a tomada de boas decisões de investimento. Este capítulo revela conceitos teóricos e também aplicações da economia no dia-a-dia.

Site 36 Banco Central do Brasil

http://www.bcb.gov.br

CATEGORIAS

Banco Central, economia, inflação, política monetária, política econômica, taxa de juros.

DESCRIÇÃO

O Banco Central do Brasil oferece diferentes informações em seu site. Desde aquelas sobre a atuação e importância do Banco Central para a estabilidade econômica, até relatórios práticos que, na certa, ajudarão o investidor a compreender melhor a situação econômica do país.

DESTAQUES

☐ **Perguntas sobre a economia brasileira**
- Série de respostas a perguntas freqüentes sobre a economia. Temas como "risco país" (risco Brasil) e "regime de metas para inflação" são detalhados. A título de exemplo, a série de perguntas **Risco país** apresenta 14 perguntas sobre o tema respondidas em detalhes.

  ➡ http://www.bcb.gov.br >> Perguntas freqüentes (menu superior) >> Perguntas sobre Economia Brasileira >> Escolha o tema.

☐ **Educação Financeira para Jovens e Adultos**
- O projeto de educação financeira do Banco Central apresenta publicações muito interessantes. Um exemplo é o site para jovens BC Jovens, que ensina sobre o Banco Central em linguagem didática e com ilustrações. O BC Jovens disponibiliza cadernos e cartilhas temáticas, como: "O fantasma da inflação", "Cartilha Banco Central: Fique por Dentro" e "Cartilha Dinheiro no Brasil". Leitura interessante para aqueles que desejam conhecer mais sobre a história dos Bancos Centrais e do dinheiro no Brasil.

  ➡ http://www.bcb.gov.br >> Educação e cultura (menu à esquerda) >> BC Jovem >> Pesquisa Escolar (à esquerda) >> Cadernos BC – Série Educativa (Escolha o tema).

  ➡ http://www.bcb.gov.br >> Educação e cultura (menu à esquerda) >> BC Jovem >> Publicações >> Cartilha Banco Central: Fique por Dentro ou Cartilha Dinheiro no Brasil.

- **Relatório Focus**
  - O relatório Focus apresenta as expectativas de grandes bancos e consultorias na área econômica para indicadores da economia brasileira (por exemplo: taxa de câmbio e IGPM). São consultadas, por semana, aproximadamente 100 instituições financeiras (ver **Caso prático**).
    ➡ http://www.bcb.gov.br >> Sala do Investidor (menu superior) >> Focus – Relatório de Mercado >> Escolha o relatório mais recente.

- **Relatório de Inflação**
  - Publicação trimestral que analisa o desempenho da Economia no período. Excelente opção para aqueles que querem se aprofundar no entendimento da economia brasileira com dados atualizados.
    ➡ http://www.bcb.gov.br >> Sistema de Metas para a Inflação (menu à esquerda) >> Relatório de Inflação >> Escolha o relatório mais recente >> Publicação Completa (corpo do texto, parte inferior).

CASO PRÁTICO

Qual é a expectativa para a taxa de juros no final do ano?

Marina, 45 anos, aplica em fundos de renda fixa. Nos últimos anos, a taxa de juros brasileira vem caindo e, conseqüentemente, a rentabilidade das aplicações de Marina também cai. Para estimar a rentabilidade futura de suas aplicações, ela utiliza o relatório Focus do Banco Central publicado semanalmente. Neste relatório, mais de 100 instituições financeiras apontam suas expectativas econômicas e o Banco Central publica a média dos resultados.

Marina acessa o relatório, tendo atenção ao item **Expectativa de Mercado** para a "Meta Taxa Selic – fim de período (% a.a.)". E lá, descobre que a expectativa é que a taxa Selic esteja em 10,75% ao ano no final de 2008.

Que tal acessar agora o relatório Focus e avaliar qual a expectativa de taxa Selic para o final do ano?

DICA DO CONSULTOR

O que é "taxa Selic"?

Se você não sabe o que é taxa Selic, a dica é: utilize os dicionários mencionados neste livro. Um exemplo é o http://www.enfin.com.br (site 35).

Economia | Coleção **EXPO MONEY**

Site 37 FIPE – Fundação Instituto de Pesquisas Econômicas
http://www.fipe.org.br

CATEGORIAS

Economia, indicadores econômicos, análises econômicas.

DESCRIÇÃO

A FIPE é uma entidade privada, sem fins lucrativos, criada para apoiar o Departamento de Economia da Faculdade de Economia, Administração e Contabilidade da Universidade de São Paulo (FEA-USP). A FIPE estuda os fenômenos econômicos com base no instrumental teórico e metodológico da Economia. Trata-se de uma excelente alternativa de leitura para aqueles que desejam se aprofundar na compreensão da economia do país.

DESTAQUES

☐ **Boletins Informativos FIPE: economia aplicada**

○ O Boletim Informativo FIPE é uma revista sobre economia publicada mensalmente com textos de professores, pesquisadores e alunos de pós-graduação da USP. São expressas idéias, opiniões e resultados de pesquisas sobre temas econômicos da atualidade. A revista conta com as seções **Análise de conjuntura** e **Temas de Economia Aplicada**. São exemplos de artigos: "Pode acontecer conosco? O crédito imobiliário no Brasil e as possibilidades de repetirmos a crise norte-americana" de Guilherme Penin e Tiago Ferreira ou "O que será quando o cenário favorável terminar?" dos economistas Rodrigo Celoto e Fernando Homem de Melo.

➡ http://www.fipe.org.br >> Publicações (menu superior) >> Boletim de Informações FIPE (menu à esquerda) >> Baixe a edição atual completa (no corpo de texto) ou Edições anteriores (menu à esquerda).

DICA DO CONSULTOR

Consulte o valor do seu veículo

Um serviço bastante útil prestado pela Fipe à população é a divulgação regular de uma tabela com os preços médios dos veículos no Brasil. O preço encontrado é uma boa referência do valor de mercado do seu veículo, sendo uma informação valiosa em uma eventual negociação de compra ou venda. Para acessar, visite o site da Fipe, clique em Índices no menu superior e escolha Preço Médio de Veículos.

Site 38 EconomiaNet

http://www.economiabr.net

CATEGORIAS

Economia, conceitos, teorias econômicas, dicionário econômico, artigos.

DESCRIÇÃO

Fundado em 2000, o EconomiaNet conta com informações sobre economia. É composto por diferentes canais: "Economia", "Digital", "Trabalho" e "Acadêmico". Este último é o mais interessante, podendo ser utilizado como fonte de referência para aqueles que desejam conhecer mais sobre o tema.

DESTAQUES

☐ **Introdução à economia**
- A seção **Conceitos** é um minicurso sobre economia, com diferentes tópicos como "Noções Básicas de economia", "História do Pensamento Econômico", "Indicadores Econômicos", entre outros.
  ➡ http://www.economiabr.net >> Acadêmico (menu superior) >> Conceitos (menu superior).

☐ **Dicionário de economia**
- Ouviu uma notícia e não entendeu determinado termo? Utilizar um dicionário de termos econômicos é a solução. São dezenas de termos explicados em linguagem acessível.
  ➡ http://www.economiabr.net >> Dicionários (menu à esquerda). >> Busque pela inicial do termo a ser pesquisado.

DICA DO CONSULTOR

Economia: vale a pena saber mais

O desempenho econômico de um país tem relação direta com os investimentos. Em um cenário de expansão, com crescimento das empresas, o investimento em ações é uma escolha interessante, afinal, as empresas tendem a crescer e gerar melhores dividendos. Por outro lado, em um cenário de recessão, os investidores assumem posturas mais conservadoras, buscando aplicações em renda fixa, por exemplo. Analisar a economia de um país é, portanto, importante para o sucesso nos investimentos. Para realizar esta análise, o estudo de conceitos sobre economia, além de consultas a boas fontes de informação, como os sites do Banco Central do Brasil e da FIPE, é um ótimo caminho.

Economia | Coleção **EXPO MONEY**

Site 39   Como Tudo Funciona ou *How Stuff Works*

http://hsw.uol.com.br

CATEGORIAS

Economia, dinheiro, planejamento financeiro, economia doméstica.

DESCRIÇÃO

O site *How Stuff Works* tem o objetivo de apresentar "como tudo funciona". Fundado em 1998 por Marshall Brain, professor da Universidade Estadual da Carolina do Norte, a versão em português do site apresenta uma seção sobre Finanças Pessoais, abordando questões sobre "Economia e Planejamento Financeiro". Destaca-se o caráter didático do conteúdo, com o uso de gráficos e animações para explicar um assunto.

DESTAQUES

☐ **Como Funciona o Dinheiro**

○ Seção bastante completa que detalha o assunto Dinheiro. "Dinheiro como substituto, Dinheiro como riqueza, Moedas etc." são tópicos abordados.

➡ http://hsw.uol.com.br >> Empresas e Finanças pessoais (menu à esquerda) >> Economia >> Como Funciona o Dinheiro (em Biblioteca sobre Economia).

☐ **Planejamento Financeiro**

○ Vale a pena visitar a seção Planejamento. São exemplos de tópicos: "Como dirigir consumindo menos combustível"; "Como reduzir o consumo de energia em casa"; e "Como funciona a economia doméstica".

➡ http://hsw.uol.com.br >> Empresas e Finanças pessoais (menu à esquerda) >> Planejamento >> Biblioteca sobre Planejamento.

DICA DO CONSULTOR

Compreenda o papel do dinheiro

"O leitor pode alcançar seu sucesso e conquistar seus objetivos com mais facilidade se tiver em mente o fato de que o dinheiro é uma simples ferramenta para que as pessoas possam se relacionar comercialmente e que o sucesso é algo bom e prazeroso. Chegar ao sucesso é

113

motivo para orgulhar-se, e não para se sentir culpado. Mesmo após diversos estudos, uma pessoa pode ter dificuldade em chegar ao sucesso financeiro devido a paradigmas (modelos preestabelecidos) que possui em relação ao dinheiro e à riqueza (...). Não se esqueça de que o dinheiro, o sucesso financeiro e as coisas que podem comprar são boas e prazerosas." Esta dica foi extraída do livro, também da Coleção Expo Money, *O Sovina e o Perdulário: Em busca do sucesso financeiro*, do consultor Raphael Cordeiro.

Economia | Coleção EXPO MONEY

Site 40   Cálculo Exato

http://www.calculoexato.com.br

CATEGORIAS

Cálculos financeiros, índices financeiros, IGPM, INCC, IPCA, reajustes, juros.

DESCRIÇÃO

Site que facilita cálculos do dia-a-dia, como: "qual foi a inflação nos últimos três meses?" ou "qual a correção que incidiu sobre as parcelas de um apartamento comprado na construção?" ou "para quanto vai aumentar o meu aluguel?". Enfim, é um site de cálculos. Muito prático.

DESTAQUES

☐ **Siglas, Siglas e Siglas: IGPM, IPCA, INCC, Juros.**
  ○ O Cálculo Exato ajuda a transformar as siglas em números. Se o seu aluguel é reajustado pelo IGPM, visite e descubra qual foi o IGPM nos últimos 12 meses. Vale a pena navegar e checar principalmente os cálculos: "Variação de um índice financeiro: calcula a variação de um índice financeiro entre duas datas.", "Aplicação de juros sobre um valor: aplica uma taxa de juros sobre um valor financeiro, entre duas datas." e "Reajuste de aluguel: calcula os valores de reajuste de um aluguel, a partir do início do contrato."
    ➡ http://www.calculoexato.com.br >> Cálculos financeiros (para cálculos com índices).
    ➡ http://www.calculoexato.com.br >> Aluguéis (para cálculos sobre aluguéis).

☐ **Quanto custará a tão sonhada viagem?!**
  ○ Um cálculo interessante disponível é o orçamento de viagem. Ao acessar, é possível estimar os gastos, dia por dia, com transporte, hospedagem, entradas etc. Um exercício muito interessante e útil para promover a conversa sobre finanças na família.
    ➡ http://www.calculoexato.com.br >> Viagens >> Orçamento de viagem.

CASO PRÁTICO

Atualizando a parcela anual do apartamento pelo INCC

Mateus adquiriu um apartamento na planta. Já se passaram 12 meses da data da compra e é chegado o momento de pagar uma das parcelas anuais. A parcela, originalmente, tinha o valor de R$10.000 e, de acordo com o contrato, é corrigida pelo INCC (Índice Nacional de Custo da Construção). Utilizando o site calculoexato.com.br, Matheus calcula o valor da parcela:

- ☐ Ao acessar o site, Mateus clica em "Cálculos financeiros" e, a seguir, em "Atualização de um valor por um índice financeiro".
- ☐ Digita, então, o valor a ser atualizado (R$10.000), a data inicial (01/01/2007) e a data de pagamento da parcela (31/12/2007). E, então, seleciona o INCC:

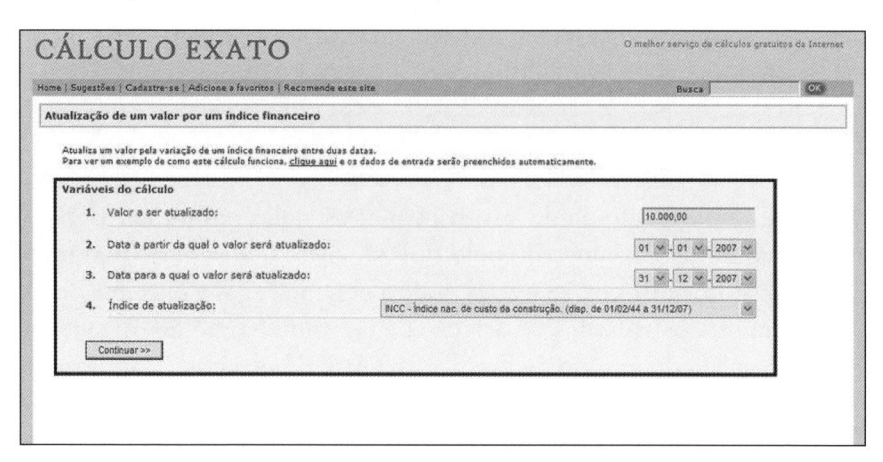

- ☐ O resultado: o INCC no período foi de 5,8640%. A parcela, portanto, é de R$10.586,40.

DICA DO CONSULTOR

Atente para o índice de correção

Ao adquirir um imóvel, como fez o Mateus no **Caso prático** anterior, ou qualquer outro bem, fique atento ao índice de correção. A parcela do Mateus de R$10.000 foi corrigida para R$10.586,40 em um ano. A mesma parcela anual de R$10.000 que Mateus terá que pagar três anos após a compra do imóvel tem o valor previsto de R$11.863, com a hipótese de que o INCC se repita em 5,86% nos anos seguintes.

Antes de fechar o negócio, consulte qual foi, por exemplo, o crescimento do índice nos últimos doze meses, avalie o impacto nas parcelas que você assumiu e então decida conscientemente.

Site 41   FGV Dados

http://www.fgvdados.com.br

CATEGORIAS

Economia, indicadores e índices econômicos, dados econômicos.

DESCRIÇÃO

FGV Dados divulga dezenas de indicadores econômicos, da própria Fundação Getúlio Vargas (FGV) ou de outras instituições. É um serviço oferecido pelo Instituto Brasileiro de Economia (IBRE), da FGV.

DESTAQUES

☐ **Dezenas de séries gratuitas**
- Séries de dados, abordando diferentes temas relacionados com a economia em geral. Por exemplo, índices de inflação (IGP, IPA, IPC, INCC), preços agropecuários, taxas de câmbio, indicadores sociais, da indústria, do mercado de trabalho, do PIB (Produto Interno Bruto) e até do setor externo, como investimentos estrangeiros e reservas internacionais.
  - ➡ http://www.fgvdados.com.br >> Séries Gratuitas (no menu à esquerda) >> Escolha o dado desejado (é possível fazer o *download* da informação ou solicitar o envio para o e-mail.

☐ **Principais números da semana**
- A FGV também disponibiliza o serviço **Aconteceu na semana**, que aponta os principais indicadores divulgados na semana.
  - ➡ http://www.fgvdados.com.br >> Aconteceu na semana (no menu à direita na parte inferior).

☐ **10.000 Cruzeiros? Atualização Monetária de Valores**
- Calculadora que corrige um valor histórico expresso no padrão monetário vigente na época (por exemplo: Cruzeiro Real, Cruzeiro, Cruzado, Cruzado Novo etc.)
  - ➡ http://www.fgvdados.com.br >> Atualização Monetária de Valores (menu à esquerda em calculadoras).

CASO PRÁTICO

Por dentro dos indicadores econômicos

Cláudia, 45 anos, ilustradora, dedica algumas horas da semana aos seus investimentos. Desde os 30 anos, ela poupa parte de seu salário todos os meses, pensando na aposentadoria. Além da leitura de sites, revistas e blogs sobre investimentos, Cláudia é atenta aos indicadores econômicos e mantém-se atualizada consultando semanalmente o serviço **Aconteceu na semana** da FGV.

Em determinada semana, ao consultar o boletim, Cláudia verificou, por exemplo, que "o Índice Geral de Preços – Mercado (IGP-M) registrou em janeiro variação de 1,09%, taxa inferior à registrada em dezembro, que foi de 1,76%"; além da evolução de diversos outros índices, como "Índice de Confiança da Indústria (ICI), Volume de Crédito, Taxa de Desemprego, Balanço de Pagamento etc.".

DICA DO CONSULTOR
Atualize pela inflação o valor a ser poupado mensalmente

A inflação desvaloriza a moeda, ou seja, R$100 hoje, por exemplo, compram 100 batatas a R$1 cada. Caso no ano seguinte as batatas subam 5%, para R$1,05, os mesmos R$100 comprarão 95 batatas (R$100/R$1,05). Moral da história: para manter o poder de compra da poupança que está formando, se você decidiu poupar R$100 todo mês, deve, anualmente, corrigir este valor pela inflação. Nesse exemplo, no ano seguinte, deve passar a poupar R$105 por mês, para continuar sempre comprando as 100 batatas.

CAPÍTULO 6

Produtos de Investimento

O capítulo **Produtos de Investimento** apresenta sites que detalham as principais alternativas de investimento existentes: títulos, fundos de investimento, ações e derivativos.

Títulos

Site 42 — Tesouro Direto

http://www.tesourodireto.gov.br

CATEGORIAS

Tesouro direto, renda fixa, títulos públicos.

DESCRIÇÃO

Desenvolvido pelo Tesouro Nacional em parceria com a CBLC (Companhia Brasileira de Liquidação e Custódia), o Tesouro Direto é um programa de venda de títulos a pessoas físicas. Os títulos possuem a finalidade de captar recursos para o financiamento da dívida pública federal e são emitidos pelo Tesouro Nacional. Trata-se de uma boa opção para aqueles que desejam aplicar em renda fixa. Como afirma o site do próprio Tesouro Direto: "o rendimento da aplicação em títulos públicos é bastante competitivo se comparado a outras aplicações financeiras de renda fixa existentes no mercado".

DESTAQUES

- **O Básico sobre o Tesouro Direto**
  - O site disponibiliza um ótimo manual sobre o Tesouro Direto por meio das seções: **Primeira Vez no Tesouro Direto?** e **Quero investir**. Todas as informações necessárias para compreender o que é o Tesouro Direto estão ali: "O que são Títulos Públicos", "Vantagens" e "Como comprar e vender" são exemplos (ver **Dica do consultor**).
  - ➡ http://www.tesourodireto.gov.br >> Primeira Vez no Tesouro Direto? ou Quero investir e respectivos subitens (menu à esquerda).

- **Pesquisa de preços: quanto as corretoras cobram de custódia?**
  - Ao adquirir os títulos públicos, o investidor paga uma taxa de custódia anual. Esta taxa varia de corretora para corretora. O Tesouro Direto disponibiliza um ranking com as taxas cobradas por cada corretora.
  - ➡ http://www.tesourodireto.gov.br >> Ranking dos Agentes de Custódia (menu à direita Acesso Rápido)

CASO PRÁTICO
Poupando para a casa própria e para a aposentadoria

Leonardo está poupando com dois objetivos: a compra de uma casa em oito anos e também a sua aposentadoria em um prazo mais longo. Pretende investir uma parcela do capital poupado por meio do Tesouro Direto. Após ler os manuais disponíveis no site, optou por investir no título chamado NTN-B Principal, que paga uma taxa de juros ao ano, além da correção pelo Índice Nacional de Preços ao Consumidor Amplo (IPCA), calculado pelo IBGE.

Visitando a tabela de títulos à venda, encontrou:

- NTNB Principal com vencimento em 15/05/2015, pagando 7,44% de juros ao ano, além do IPCA.
- NTNB Principal com vencimento em 15/08/2024, pagando 6,68% de juros ao ano, além do IPCA.

Leonardo, então, optou por investir parte do dinheiro na NTNB com vencimento em 2015 para a compra da casa e a poupança para a aposentadoria na NTNB com vencimento em 2024. É sempre bom planejar-se e comprar títulos com vencimentos próximos à data de uso do montante poupado. Este procedimento evita que os títulos sejam vendidos antes do vencimento com uma eventual perda do seu valor.

DICA DO CONSULTOR
Tesouro Direto: vale mesmo a pena?

O Tesouro Direto vale a pena principalmente para aqueles que desejam investir em renda fixa, com horizonte de tempo longo, tal como fez o Leonardo no **Caso prático**. Há um bom texto do consultor Mauro Halfeld explicando vantagens e desvantagens do Tesouro Direto. Para acessar, busque por "Mauro Halfeld" no campo de busca do site Tesouro Direto e clique em "Vendas de Títulos para Pessoas Físicas" ou digite: http://www.tesouro.fazenda.gov.br/tesouro_direto/noticias/2007/10122007_o_apelo_papeis_longo_prazo.asp. O link é longo, mas vale o esforço.

Site 43 SND – Sistema Nacional de Debêntures

http://www.debentures.com.br

CATEGORIAS

Debêntures, títulos, títulos de empresas.

DESCRIÇÃO

O SND foi criado a partir de uma parceria entre a ANDIMA (Associação Nacional das Instituições do Mercado Financeiro) e a Cetip (Câmara de Custódia e Liquidação), e tem a missão de criar as condições ideais para o desenvolvimento do mercado de debêntures no Brasil. O site é útil para aqueles que desejam se informar sobre o tema.

DESTAQUES

☐ **Introdução às debêntures: o manual**
- O SND disponibiliza para *download* a cartilha **O que são debêntures?** com respostas a perguntas freqüentes sobre o tema, como "quem pode emitir debêntures?"; "qual o prazo de resgate de uma debênture?"; e "o que são debêntures conversíveis". No total, são 26 questões respondidas.
  ➡ http://www.debentures.com.br >> Introdução a debêntures (menu superior) >> O que são debêntures (no corpo do texto, clique para fazer o *download* da cartilha).

CASO PRÁTICO

Sempre aprendendo

Luiz já adquire Títulos Públicos via Tesouro Direto há algum tempo. Sempre ligado nas novidades do mercado financeiro, ficou sabendo da emissão de debêntures do BNDESPAR (ver **Dica do consultor**). Interessado, leu corretamente em uma reportagem que as debêntures do BNDESPAR tinham características semelhantes a uma NTN B (ver Tesouro Direto, site 42) com pagamento de juros além da correção da inflação. De todo modo, Luiz só investia no que ele entendia e, como não fazia idéia do que eram debêntures, para avaliar melhor o assunto, resolveu fazer o *download* e estudar a cartilha **O que são debêntures?**.

DICA DO CONSULTOR

O pequeno investidor também pode investir em debêntures. O BNDES (Banco Nacional de Desenvolvimento Econômico e Social) lançou, em 2006, debêntures do BNDESPAR, sua subsidiária que concentra participações em diversas empresas. A aplicação mínima foi de R$1 mil e os papéis têm vencimento em 2012. Para saber mais, visite o site do BNDES.

➡ http://www.bndes.gov.br >> Mercado de Capitais (menu à esquerda) >> Debêntures BNDESPAR (no corpo de texto).

Fundos

Site 44   Como Investir

http://www.comoinvestir.com.br

CATEGORIAS

Finanças pessoais, fundos, ações, debêntures, orçamento, patrimônio, planejamento financeiro pessoal.

DESCRIÇÃO

O portal Como Investir tem como objetivo contribuir para a educação e formação do investidor no Brasil. Foi desenvolvido pela Anbid (Associação Nacional dos Bancos de Investimento), entidade privada sem fins lucrativos. O destaque do site é o conteúdo: um verdadeiro manual para você fazer o seu planejamento financeiro pessoal, com destaque para o conteúdo sobre fundos de investimento.

DESTAQUES

- **Manual do Planejamento Financeiro Pessoal: do orçamento às ações.**
    - O site Como Investir deve ser lido como um manual ou um livro. Cada seção ("Finanças Pessoais, Fundos, Ações e Debêntures") é um capítulo. E cada capítulo tem as subseções. Por exemplo, em "Fundos", você encontra os itens: "Guia de Fundos", "Por que investir em fundos", "Riscos", "Como escolher" e "Como acompanhar". E ainda há mais um nível: clique em "Guia de Fundos" e encontrará "O que é uma cota?", "Quanto custa investir?", "Tributação", entre outros. Esta riqueza de conteúdo vale para todas as seções do site.
    ➡ http://www.comoinvestir.com.br >> Finanças Pessoais, Fundos, Ações ou debêntures (menu superior).

- *Newsletter*: **Mercado em Movimento**
    - O boletim **Mercado em Movimento** envia para o seu e-mail notícias sobre o mercado. O caráter é sempre didático, com explicações, entrevistas e comentários de especialistas.
    ➡ http://www.comoinvestir.com.br >> Cadastre-se (canto superior à direita).

CASO PRÁTICO

Como escolher um fundo de investimento

Renata, 37 anos, executiva de uma empresa multinacional, recebeu seu bônus anual. Como seu desempenho na empresa foi excelente, o bônus teve um montante significativo. A executiva está decidida a aplicar o dinheiro em fundos de investimento, já até acessou a tabela de rentabilidade dos fundos de investimento do seu banco, mas eram muitas opções, Renata não sabe por onde começar.

Foi compartilhando suas dúvidas com um colega de trabalho que Renata recebeu a recomendação de ler passo a passo a seção **Como Escolher um Fundo** do site Como Investir. Seguindo a recomendação, a executiva seguiu o roteiro do site: definiu seus objetivos, aprendeu a avaliar as alternativas, compreendeu a estrutura dos fundos etc. Agora se sentia preparada para acessar novamente a tabela de rentabilidades dos fundos de seu banco e fazer a melhor escolha.

DICA DO CONSULTOR

Reserva de emergência

A criação de uma reserva de emergência é um dos primeiros investimentos a se fazer. Trata-se de uma reserva financeira suficiente para cobrir alguns meses das suas despesas, no mínimo três meses. Portanto, se você tem despesas de R$2.000 por mês, sua reserva deve ser de, no mínimo, R$6.000. Como o dinheiro é para emergências, deve-se buscar uma aplicação com perfil conservador e de fácil resgate.

Site 45   Portal Exame

http://portalexame.abril.com.br

CATEGORIAS

Investimentos, ações, fundos, calculadoras, simuladores, *rankings*.

DESCRIÇÃO

A revista *Exame* é uma das mais renomadas e tradicionais publicações sobre economia e negócios no Brasil. O site merece destaque pela seção **Guia do Investidor**, com ferramentas, calculadoras e *rankings* que, na certa, ajudarão o investidor a decidir sobre seu projeto financeiro.

DESTAQUES

☐ *Ranking* **dos melhores fundos**
- Uma boa maneira de escolher um fundo de investimento é pesquisar os fundos mais rentáveis. O Guia do Investidor mostra os 25 maiores e os 10 mais rentáveis fundos de investimento por tipo de aplicação. Além disso, é possível você criar o seu próprio ranking, criando os seus critérios de análise.
  - ➡ http://portalexame.abril.com.br >> Guia do Investidor (menu à esquerda) >> Fundos (menu à esquerda) >> Maiores fundos ou *Ranking* pessoal.

☐ **Busca ou comparação de fundos**
- Quer conhecer mais sobre um fundo? Use a Busca de Fundos e descubra informações como rentabilidade, patrimônio, classificação etc. Quer comparar dois fundos? Use a Comparação e verifique, de forma gráfica, qual fundo obteve melhor desempenho em determinado período.
  - ➡ http://portalexame.abril.com.br >> Guia do Investidor (menu à esquerda) >> Fundos (menu à esquerda) >> Busca de Fundos ou Compara Fundos.

☐ **Qual o seu perfil e onde investir**
- Excelente questionário de perfil de risco dividido em duas fases: uma primeira seqüência de 10 perguntas que identifica o momento de vida do investidor e uma segunda fase de mais 10 perguntas, que analisa a propensão do investidor a correr mais ou menos ris-

co. Ao final, a ferramenta ainda oferece uma sugestão de como investir o dinheiro, dado o perfil obtido.
➡ http://portalexame.abril.com.br >> Guia do Investidor (menu à esquerda) >> Perfil do Investidor (menu à esquerda).

☐ **Reportagens: Economia e Finanças**
○ Reportagens aprofundadas sobre eventos econômicos da atualidade e também sobre empresas.
➡ http://portalexame.abril.com.br >> Economia ou Finanças (menu à esquerda).

☐ **Monitore sua carteira de fundos e ações**
○ O Guia do Investidor permite que você crie sua carteira de ações com papéis e quantidades e, automaticamente, o valor da sua carteira é atualizado em função da variação das ações na bolsa. Também é possível criar uma carteira de fundos: você seleciona os fundos em que investe e, diariamente, recebe um e-mail com desempenho de cada fundo. Uma ótima maneira de ter uma visão global do seu patrimônio.
➡ http://portalexame.abril.com.br >> Guia do Investidor (menu à esquerda) >> Fundos (menu à esquerda) >> Carteira de Fundos.
➡ http://portalexame.abril.com.br >> Guia do Investidor (menu à esquerda) >> Ações (menu à esquerda) >> Carteira de Ações.

☐ **Testes**
○ Perguntas que ajudam você a identificar sua situação financeira. Exemplos: o teste **Casamento Financeiro** avalia como o casal está administrando as finanças familiares. O teste **Vocação para poupar** identifica a sua capacidade de poupar.
➡ http://portalexame.abril.com.br >> Guia do Investidor (menu à esquerda) >> Testes (menu à esquerda).

☐ **Blog econômico**
○ Blog do jornalista e economista Cláudio Gradilone sobre investimentos e finanças pessoais. Atualizado com freqüência, o blog é rico em comentários atuais sobre Economia e mercado financeiro. Gradilone acompanha os eventos de mercado e fornece sua opinião como economista.
➡ http://portalexame.abril.com.br/blogs/gradilone.
➡ http://portalexame.abril.com.br/blogs/gradilone/ >> Anteriores (menu à direita). Caso queira ler os *posts* anteriores.

CASO PRÁTICO
Os fundos mais rentáveis

Ricardo, 32 anos, administrador de sistemas, está sempre em busca de novos fundos de investimento. Seu objetivo atual é encontrar os fundos de ações mais rentáveis nos últimos 12 meses. Para realizar esta busca, Ricardo seleciona os critérios de análise no Portal Exame e cria o seu *"Ranking* pessoal".

☐ Os parâmetros "Ações" e "Var % em 12 meses" são selecionados:

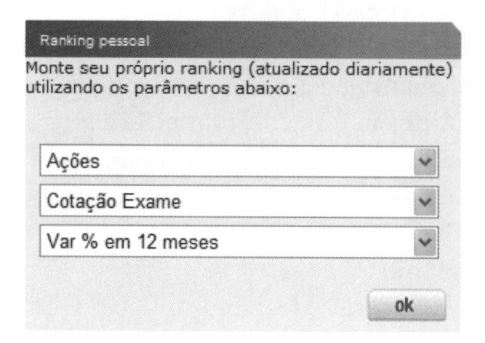

☐ A seguir, é apresentada uma lista com os fundos por ordem de rentabilidade nos últimos 12 meses:

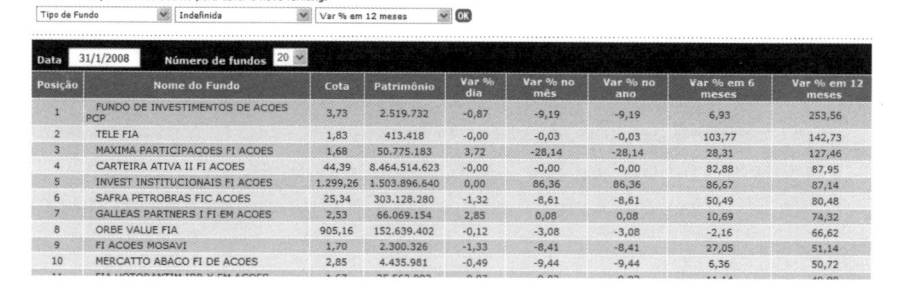

Posição	Nome do Fundo	Cota	Patrimônio	Var % dia	Var % no mês	Var % no ano	Var % em 6 meses	Var % em 12 meses
1	FUNDO DE INVESTIMENTOS DE ACOES PCP	3,73	2.519.732	-0,87	-9,19	-9,19	6,93	253,56
2	TELE FIA	1,83	413.418	-0,00	-0,03	-0,03	103,77	142,73
3	MAXIMA PARTICIPACOES FI ACOES	1,68	50.775.183	3,72	-28,14	-28,14	28,31	127,46
4	CARTEIRA ATIVA II FI ACOES	44,39	8.464.514.623	-0,00	-0,00	-0,00	82,88	87,95
5	INVEST INSTITUCIONAIS FI ACOES	1.299,26	1.503.896.640	0,00	86,36	86,36	86,57	87,14
6	SAFRA PETROBRAS FIC ACOES	25,34	303.128.280	-1,32	-8,61	-8,61	50,49	80,48
7	GALLEAS PARTNERS I FI EM ACOES	2,53	66.069.154	2,85	0,08	0,08	10,69	74,32
8	ORBE VALUE FIA	905,16	152.639.402	-0,12	-3,08	-3,08	-2,16	66,62
9	FI ACOES MOSAVI	1,70	2.300.326	-1,33	-8,41	-8,41	27,05	51,14
10	MERCATTO ABACO FI DE ACOES	2,85	4.435.981	-0,49	-9,44	-9,44	6,36	50,72

Com a lista dos fundos, Ricardo pode seguir sua pesquisa. Conhecer mais sobre os fundos, entender a política de investimentos e ler os relatórios mensais dos gestores são os próximos passos. Sempre lembrando que se deve avaliar a rentabilidade e também o risco dos fundos.

DICA DO CONSULTOR

Como funcionam os rankings? Posso confiar?

Diferentes publicações divulgam *rankings* dos melhores fundos do mercado. Sempre é importante analisar a metodologia utilizada e atentar para qual instituição técnica apoiou a criação da lista.

Bons *rankings* avaliam o percentual de retorno obtido pelo fundo e também seu risco (também chamado *volatilidade*). Bons fundos são aqueles que apresentam as melhores relações risco-retorno. Ou seja, para uma mesma unidade de risco, oferecem maior retorno. Outra característica importante é verificar a experiência dos criadores do *ranking*: o vínculo com universidades ou consultorias financeiras é sempre positivo.

Os *rankings* com metodologia sólida e criadores experientes são confiáveis e ferramentas úteis na escolha de um fundo de investimento.

Site 46 Consulta de Fundos Terra

http://fundos.terra.com.br

CATEGORIAS

Investimentos, fundos, *ranking*, seleção.

DESCRIÇÃO

O portal Terra, em parceria com a Thomson Financial (empresa multinacional, reconhecida como uma das grandes fornecedoras de informações financeiras em todo o mundo), disponibiliza acesso à base de dados da Thomson, permitindo que você tenha acesso ao histórico dos fundos do mercado brasileiro.

DESTAQUES

☐ **Qual o desempenho do seu fundo?**
- O serviço permite que você encontre o fundo em que investe atualmente ou pretende investir e veja o gráfico da rentabilidade no mês, no ano ou nos últimos 12 meses. Também é possível comparar o desempenho do seu fundo com o CDI, Ibovespa ou dólar (ver o **Caso prático** e a **Dica do consultor**).
- ➡ http://fundos.terra.com.br >> Simulador.

☐ **Encontre o melhor fundo!**
- A Busca de Fundos permite filtrar a base de dados da Thomson, selecionando instituição, tipo do fundo, valor mínimo de aplicação e valor da taxa de administração. Além disso, é possível classificar o resultado por "mais rentáveis", "os maiores" ou "os que mais captaram" (ver **Caso Prático**).
- ➡ http://fundos.terra.com.br >> Busca de Fundos.

CASO PRÁTICO

Escolhendo um fundo de ações

Telma decidiu investir em um fundo de ações. Para facilitar sua escolha, utilizou o serviço fundos.terra.com.br:

☐ Após visitar http://fundos.terra.com.br, clicou em "Busca de Fundos" e escolheu os critérios de pesquisa:
- Instituição financeira: selecionou o seu banco.
- Categoria de fundos: selecionou "Ações".
- Valor mínimo de aplicação: "Todos".

o Tipo de cotista: "Todos".
o Taxa de administração: "Todas".
o Por fim, selecionou "Completa" para ter acesso a todos os fundos.
o Observação: em critérios como tipo de cotista ou taxa de administração é interessante escolher "Todos" para ampliar a pesquisa.

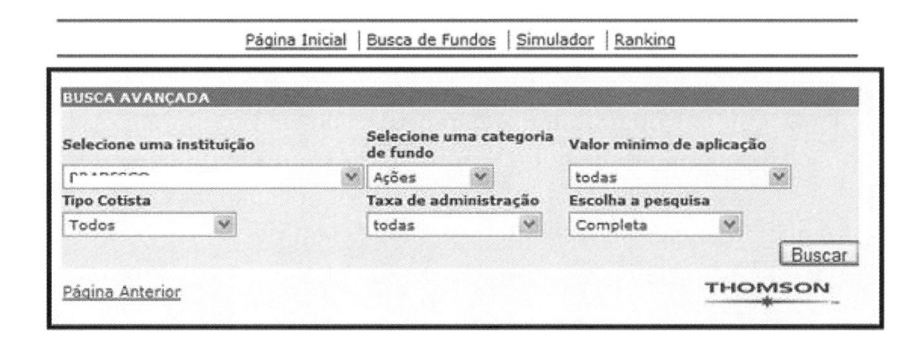

☐ A lista de fundos fornece informações como "rentabilidade no ano" e "rentabilidade no mês". Ao clicar no fundo que mais interessante lhe pareceu, Telma visualiza o gráfico:

☐ E clicando em "Rentabilidade dos últimos 12 meses" (abaixo à esquerda), Telma tem acesso a outro gráfico, que compara mês a mês o desempenho do fundo com o Índice Bovespa (ver **Dica do consultor**).

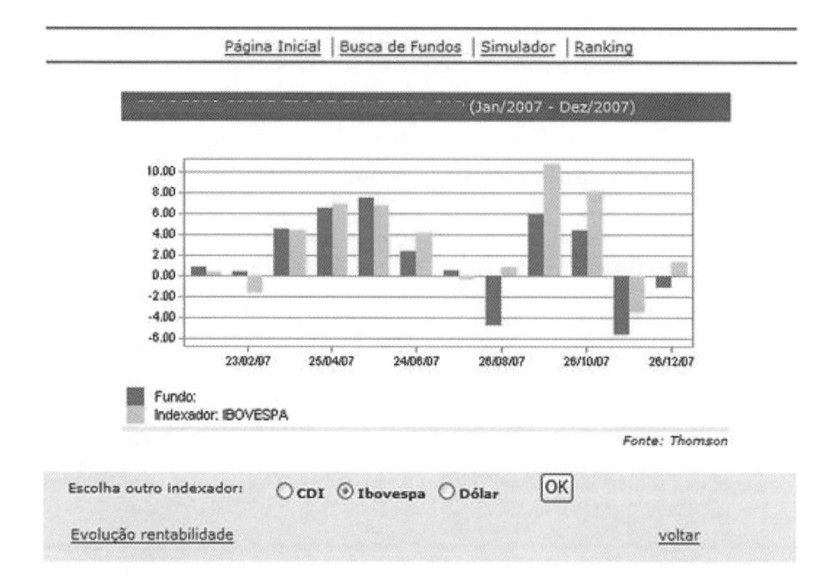

DICA DO CONSULTOR

Comparando o desempenho dos fundos

No caso prático, Telma estava em busca de um fundo de ações. Um primeiro indicador a se observar é o desempenho do fundo de ações em relação ao Índice Bovespa. Se, consistentemente e por prazos longos, o fundo apresentar um desempenho melhor do que o Índice Bovespa, trata-se de um sinal positivo. A mesma comparação pode também ser feita com fundos mais conservadores. Neste caso, no entanto, o índice a ser utilizado na comparação não é o Índice Bovespa e sim o CDI (Certificado de Depósito Interbancário).

Não se pode esquecer o risco

Os gráficos do site Fundos Terra indicam a rentabilidade dos fundos, sem fazer menção ao risco de cada um. Sempre, antes de investir em um fundo, é importante entender qual tipo de operação ele realiza e, conseqüentemente, o seu risco. Um fundo de ações tende, no longo prazo, a oferecer melhor retorno do que um fundo que investe em títulos públicos; porém, o risco do fundo de ações é bastante superior.

Site 47 Fundos

http://www.fundos.com

CATEGORIAS

Fundos de investimento, investimentos, análises, como escolher um fundo de investimento.

DESCRIÇÃO

O site fundos.com analisa fundos de investimento disponíveis no mercado. Os comentários são do criador do site, Valmir Duarte Costa, administrador de carteiras registrado pela CVM. Os dados utilizados nas análises são fornecidos pelo site fortuna.com.br.

DESTAQUES

☐ **Peça uma opinião sobre o seu fundo ou pesquise as análises publicadas!**
  ○ O fundos.com permite que você sugira um fundo para ser analisado ou leia as opiniões já publicadas sobre diferentes fundos (veja **Dica do consultor**).
    ➡ Para acessar análises já publicadas: http://www.fundos.com >> Análises de Fundos (menu principal).
    ➡ Para solicitar a análise de um fundo específico: http://www.fundos.com >> Quer uma análise gratuita do seu fundo? (à esquerda).

☐ **O ABC dos fundos de investimento**
  ○ Um bom resumo sobre como funcionam os fundos de investimento também está disponível no fundos.com. "O que é? Como funciona? Taxas Cobradas, Tributação, Tipos de Fundos, Risco em Fundos e Transparência" são os tópicos.
    ➡ http://www.fundos.com >> Fundos de Investimento (menu principal).

CASO PRÁTICO

Fábio em busca de gestoras independentes

Fábio, 37 anos, engenheiro, já investe em fundos de ações há cinco anos. Anualmente, avalia o desempenho de sua carteira e busca novos fundos para investir. Além de investir em fundos administrados pelo seu banco, o engenheiro busca fundos de gestoras independentes. Pela experiência de Fábio, alguns desses fundos independentes vêm apresentando desempenho excelente. Para conhecer novas gestoras e os melhores fundos, o engenheiro pesquisa os chamados *rankings* de fundos (ver Portal Exame, site 45) e tem utilizado o fundos.com como uma fonte de pesquisa adicional.

DICA DO CONSULTOR
Seja cauteloso

Utilize o fundos.com como um recurso a mais para a sua pesquisa sobre fundos de investimento. Um fundo recomendado não significa que seja, necessariamente, o fundo ideal para você. Significa que é uma boa alternativa para pesquisa. Prossiga a sua análise e busque mais informações para fundamentar sua decisão de investimento.

Ações

Site 48 Bovespa
http://www.bovespa.com.br

CATEGORIAS

Investimentos, ações, bolsa de valores, clube de investimentos, fundos imobiliários, cursos.

DESCRIÇÃO

A Bovespa é o único centro de negociação de ações do Brasil e se destaca como a maior Bolsa de Valores da América Latina. A popularização do mercado de ações é um dos grandes objetivos da Bovespa. Neste sentido, o site é repleto de conteúdo sobre o mercado acionário.

DESTAQUES

☐ **Cursos**
- Se você quer aprender sobre o mercado de ações e não sabe por onde começar, o site da Bovespa oferece cursos introdutórios on-line. É o "Curso Básico Mercado de Ações"
    ➡ http://www.bovespa.com.br >> Investidor (menu superior) >> Iniciantes >> Curso Básico >> Curso Básico Mercado de Ações.

☐ **Publicações diversas.**
- A seção **Publicações** merece ser visitada. São diversos guias, manuais e cartilhas sobre diferentes temas relacionados ao mercado de capitais. A variedade vai desde publicações introdutórias sobre o mercado de ações até temas avançados como "Opções de Compras Não-padronizadas (*Warrants*)"
    ➡ http://www.bovespa.com.br >> Bovespa (menu superior) >> Publicações >> Gratuitas >> Escolha uma publicação para *download*.

☐ **Clube de Investimento: palestra on-line**
- Quer investir na bolsa e está na dúvida se um clube de investimento é a melhor opção para você? A Bovespa disponibiliza conteúdo sobre o tema, inclusive com uma palestra em vídeo.
    ➡ http://www.bovespa.com.br >> Investidor (menu superior) >> Iniciantes >> Clubes de Investimento >> Aprenda mais assistindo uma palestra virtual ou Folheto Clube de Investimento.

☐ **Volatilidade**
  ○ A volatilidade ou risco de um ativo é fornecida para os diferentes ativos negociados na Bovespa (ver **Caso prático**).
    ➡ http://www.bovespa.com.br >> Mercado (menu superior) >> Volatilidade dos Ativos >> Escolha o ativo e o período de análise.

☐ **Tributação**
  ○ Na dúvida sobre como é tributada a sua aplicação? O site da Bovespa explica em detalhes como a tributação deve ser feita para os seguintes casos: "mercado à vista, opções, POP, mercado a termo, mercados futuros, SWAP, fundos e clubes de investimento em ações, fundos de investimento de renda fixa de longo prazo, fundos de investimento de curto prazo, renda fixa, *day trade* e antecipação de imposto, mediante retenção na fonte".
    ➡ http://www.bovespa.com.br >> Investidor (menu superior) >> Tributação.

☐ **Software com os balanços das empresas**
  ○ Imagine ter um software que consolide as informações das diferentes empresas da Bovespa. Este software existe e você pode fazer o *download* no site da Bovespa. Trata-se do Sistema de Divulgação Externa (DIVEXT). Um programa desenvolvido para permitir a consulta das informações que as Companhias Abertas enviam à BOVESPA e à CVM – Comissão de Valores Mobiliários.
    ➡ http://www.bovespa.com.br >> Empresas (menu superior) >> Para investidores >> *Downloads* >> Sistema ITR/DFP/IAN >> Faça o *download*.

☐ **Fundo Imobiliário**
  ○ Fundos imobiliários também são negociados na Bovespa (ver **Dica do consultor**).
    ➡ http://www.bovespa.com.br >> Mercado (menu superior) >> Fundos >> Fundos Imobiliários

CASO PRÁTICO

Comparando a volatilidade (risco) da Petrobras (PETR4) e da Vale (VALE5)

Márcio investe em ações da Petrobras e da Vale. Deseja saber qual das duas ações apresenta maior volatilidade ou maior risco. O site da Bovespa oferece esta informação.

Ao acessar a seção **Volatilidade dos Ativos**, Márcio aprende que volatilidade é a "Variável que indica a intensidade e a freqüência das oscilações nos preços de um ativo financeiro (ação, título, fundo de investimento)" sendo "um dos parâmetros mais utilizados como forma de medir o risco de um ativo".

Márcio, então, seleciona o período de um ano (quanto maior o período, melhor) e digita "petr4", o código de negociação da Petrobras.

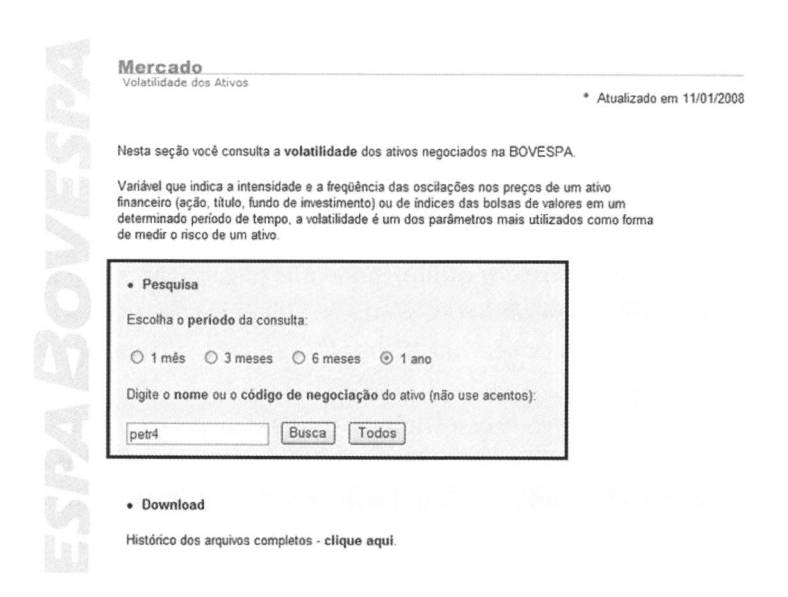

```
Mercado
Volatilidade dos Ativos
                                                    * Atualizado em 11/01/2008

Nesta seção você consulta a volatilidade dos ativos negociados na BOVESPA.

Variável que indica a intensidade e a freqüência das oscilações nos preços de um ativo
financeiro (ação, título, fundo de investimento) ou de índices das bolsas de valores em um
determinado período de tempo, a volatilidade é um dos parâmetros mais utilizados como forma
de medir o risco de um ativo.

• Pesquisa
Escolha o período da consulta:
O 1 mês   O 3 meses   O 6 meses   ⦿ 1 ano
Digite o nome ou o código de negociação do ativo (não use acentos):
[petr4]   [Busca]  [Todos]

• Download
Histórico dos arquivos completos - clique aqui.
```

E obtém o resultado: a Petrobras, no período analisado, apresentou uma volatilidade anualizada de 37,09%. O mesmo cálculo foi realizado para a Vale (VALE5), obtendo-se a volatilidade anualizada de 38,77%. Marcio conclui: as duas ações apresentam risco bastante próximos, tendo a Vale uma volatilidade um pouco maior.

A volatilidade anualizada é calculada a partir do desvio padrão de uma série histórica, no caso, os preços das ações da Petrobras e da Vale. O desvio padrão é uma medida estatística que indica quanto um valor pode variar para mais ou para menos em relação a uma média.

DICA DO CONSULTOR

Devo investir em ações por meio de fundos de ações do meu banco ou adquirindo ações diretamente através de uma corretora?

Para quem está começando, os fundos de ações são uma boa opção para ingressar no mercado de ações. Com um capital pequeno, os investidores conseguem diversificar a sua carteira de ações. Isto é: R$100 comprariam na bolsa, por exemplo, uma ação da empresa ABC, enquanto, por meio do fundo, os R$100 permitem que o investidor seja dono de uma fração de um maior número de empresas. Ou seja, o risco é menor.

Vale ainda pensar nos clubes de investimento, que, além de também apresentar a vantagem de diversificação dos fundos, contêm um forte componente educacional: os membros do clube, por meio de reuniões, têm a oportunidade de trocar informações e debater as melhores alternativas de investimento, fazendo parte de um rico processo de aprendizado sobre o mercado.

Conheça os fundos imobiliários

Comprar uma casa com o objetivo de obter rendas de aluguéis pode gerar diversos transtornos: o inquilino pode não pagar, o imóvel pode ficar vago por um longo período ou, ainda, problemas com manutenção podem ser freqüentes. Moral da história: trata-se de uma operação com diferentes riscos.

Agora, imagine que você resolva investir em imóveis para obter renda de aluguéis; porém, investe de maneira diversificada: adquire algumas lojas em um shopping, em São Paulo, um prédio em Curitiba, algumas casas em Maceió e lojas comerciais no Rio de Janeiro. Na certa, o risco será menor. Afinal, quando um imóvel, por exemplo, estiver vago, todos os outros podem estar alugados.

Pois bem, é possível utilizar a segunda estratégia sem ser multimilionário. O veículo são os fundos imobiliários. Imagine um grupo de pessoas que resolve se reunir para construir um shopping ou um hospital e depois receber o aluguel. Este é o conceito de fundo imobiliário.

Site 49　Acionista

http://www.acionista.com.br

CATEGORIAS

Investimentos, ações, bolsa de valores, governança corporativa.

DESCRIÇÃO

O portal Acionista oferece notícias, conteúdo e serviços para os investidores. Apresenta como categorias principais: "Governança Corporativa, Mercado, Instituições e Responsabilidade Social".

DESTAQUES

- **Tudo sobre Governança Corporativa**
  - Listagem das empresas participantes do Novo Mercado, Níveis 1 e 2 de Governança Corporativa e gráfico do chamado IGC (Índice de Ações com Governança Corporativa Diferenciada). Contém também links para a legislação relacionada ao Novo Mercado.
    ➡ http://www.acionista.com.br >> Governança Corporativa >> Empresas, Cotações ou Regras N1, N2 e NM.
- **Raio-X das empresas**
  - A seção **Raio-X** consolida as informações divulgadas pelo departamento de Relações com os Investidores das empresas. Ao acessar o Raio-X, você tomará conhecimento dos fatos relevantes, convocações para assembléias, convites para teleconferências etc. referentes a uma empresa.
    ➡ http://www.acionista.com.br >> Raio-X (abaixo do menu principal) >> Selecione a empresa que deseja pesquisar.
- **Entenda o Mercado: definições rápidas**
  - Definições básicas sobre diferentes temas, como: acionista, ações, *ADRS – American Depositary Receipts*, debêntures, POP etc.
    ➡ http://www.acionista.com.br >> Mercado >> Entenda o Mercado.
- **Gráficos dos grandes números**
  - O portal Acionista disponibiliza interessantes gráficos sobre a economia em geral e o mercado acionário. São exemplos: "Mercado de Ações no Plano Real, Ibovespa em R$ e US$, Risco Brasil, Reservas Internacionais, Preço do Petróleo etc.".
    ➡ http://www.acionista.com.br >> Gráficos Comparativos (menu no corpo do texto).

DICA DO CONSULTOR

O que é boa governança corporativa

A boa governança corporativa ocorre quando o conjunto de processos administrativos, costumes e normas que regulamentam a administração de uma empresa tem como princípios a transparência, a prestação de contas aos acionistas e a eqüidade. As boas práticas de governança corporativa devem garantir que o comportamento dos administradores da empresa esteja alinhado com os interesses dos acionistas. Empresas com boas práticas de governança corporativa costumam proporcionar resultados superiores, sendo muitas vezes boas alternativas de investimento. O site Acionista é uma boa fonte para conhecer empresas com boas práticas de governança corporativa.

Aqueles que desejam se aprofundar no tema podem também visitar o site do IBGC (Instituto Brasileiro de Governança Corporativa) no endereço http://www.ibgc.org.br.

Site 50   CVM – Comissão de Valores Mobiliários

http://www.cvm.gov.br

CATEGORIAS

Investimentos, fundos de investimentos, ações, planejamento financeiro pessoal.

DESCRIÇÃO

A CVM é a entidade ligada ao Ministério da Fazenda que disciplina, fiscaliza e desenvolve o mercado de valores mobiliários. Ações, quotas de fundos de investimentos e quotas de fundos imobiliários são exemplos de valores mobiliários.

O site da CVM é bastante voltado àqueles que participam diretamente do mercado como, por exemplo, gestores de fundos e corretores de valores, sendo rico em legislação e comunicados diversos. O investidor individual, no entanto, pode sim se beneficiar de alguns recursos do site. São destaques a "Consulta à posição consolidada de fundos", a "Cartilha CVM" e os "Cadernos CVM".

DESTAQUES

☐ **Descubra em quais ações os melhores fundos do mercado estão investindo**
  ○ Os fundos de investimento informam à CVM suas posições de investimento e a CVM publica estas informações em seu site. Ou seja, se o fundo "ABC Super Ações" do Banco ABC investe em ações da Petrobras e da Vale do Rio Doce, você descobrirá!
  ➡ http://www.cvm.gov.br >> fundos de investimento" (parte inferior) >> Digite o nome do fundo pesquisado. Ao aparecer o nome do fundo pesquisado, clique e pronto. Logo você verá a tela "Consulta Consolidada de Fundo" (veja o **Caso prático** para um exemplo real passo a passo.)
  ○ Observação: a CVM publica a carteira dos fundos de 90 dias atrás. Portanto, ao visitar o site em julho de 2008, você terá acesso à carteira de abril do fundo.

☐ **Cartilha CVM**
  ○ A Cartilha CVM pode ser considerada um livro sobre finanças pessoais disponível para leitura gratuitamente. Começa com conceitos básicos sobre orçamento, patrimônio e poupança. Em seguida – até pelo fato de ter sido elaborada pela CVM – a cartilha

detalha os investimentos (ou valores mobiliários) disponíveis ao investidor. São destaques as seções **Quais são os melhores investimentos para mim?** e **Quem pode me ajudar a investir?**.

➡ http://www.cvm.gov.br >> Proteção e Educação a Investidores (menu à esquerda) >> Cartilha.

☐ **Cadernos CVM**
○ Os Cadernos CVM são apostilas detalhando determinado tópico em profundidade, também gratuitamente. Existem vários cadernos CVM, cada um com um tema diferente. São exemplos: "O que é a CVM", "Fundos de Investimentos", "Fundos de Investimento Imobiliário", "Negociações On-line" (referente a compra de ações via Internet) e "Principais direitos dos acionistas minoritários de companhias abertas". Os Cadernos CVM são recomendados para quem deseja se aprofundar em determinado tema, e o nível do conteúdo vai do intermediário ao avançado.

➡ http://www.cvm.gov.br >> Proteção e Educação a Investidores (menu à esquerda) >> Cadernos CVM.

CASO PRÁTICO

Em dúvida sobre qual ação comprar, Camila aprimora sua análise descobrindo a estratégia dos melhores fundos de investimento

Camila está decidida a obter melhores rendimentos em seus investimentos. Pensou, então, que uma alternativa interessante é descobrir em que papéis os melhores fundos de ações estão investindo. Afinal, bons fundos de ações Camila conhece, pois pesquisou o Portal Exame (site 45). Um exemplo de fundo que Camila se impressionou com o desempenho é o Fundo Itaú Excelência Social Ações FI. **(Observação: Fundo utilizado apenas com finalidade didática).**

Curiosa, Camila segue o roteiro:

☐ Visita http://www.cvm.gov.br e clica em "Fundos de Investimento".

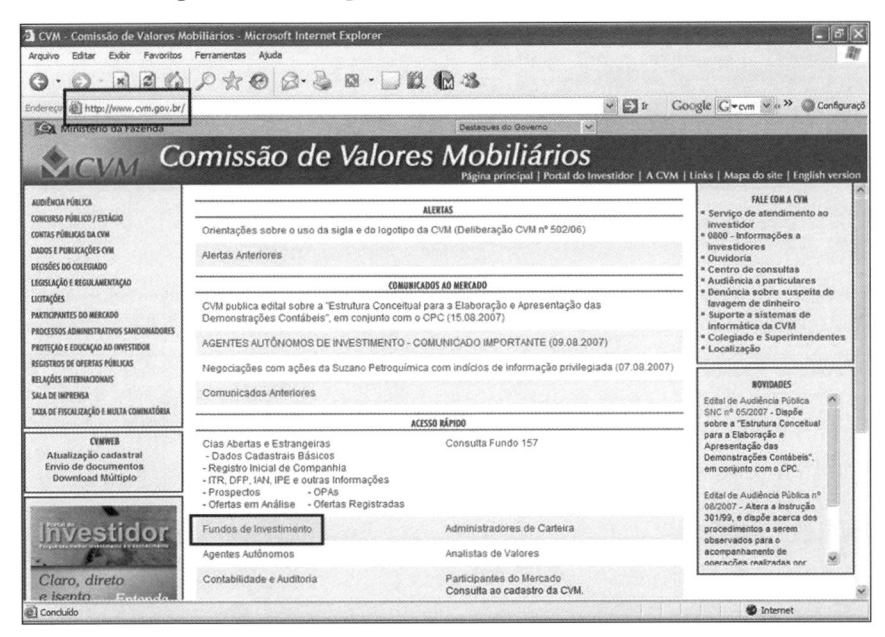

☐ A seguir, digita o nome do fundo pesquisado "Fundo Itaú Excelência Social Ações FI". Dica: para facilitar a busca, digite apenas uma parte do nome do fundo, no caso, por exemplo, Camila digita "Itaú Excelência".

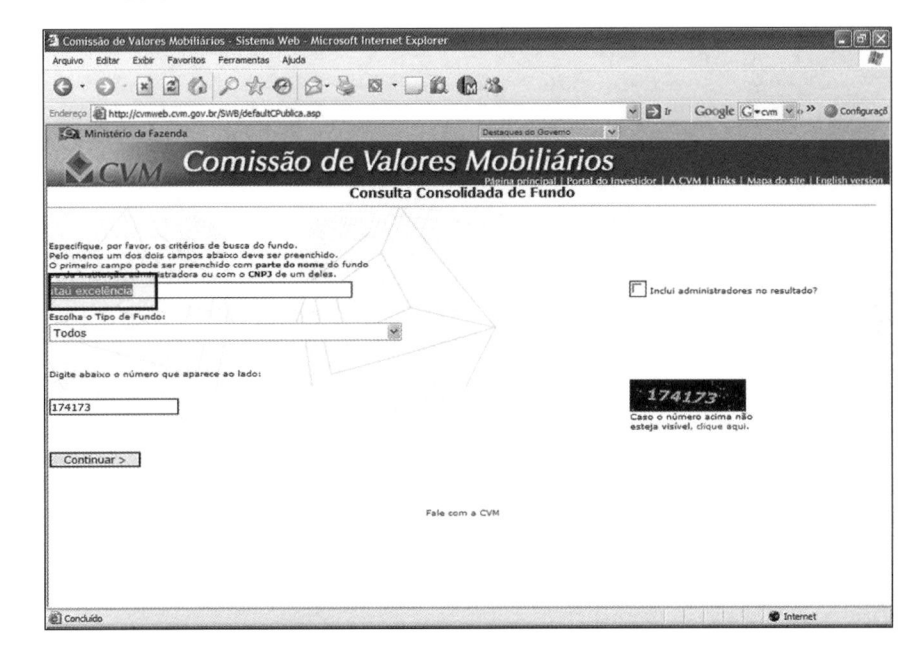

☐ Camila clica, então, no nome do fundo.

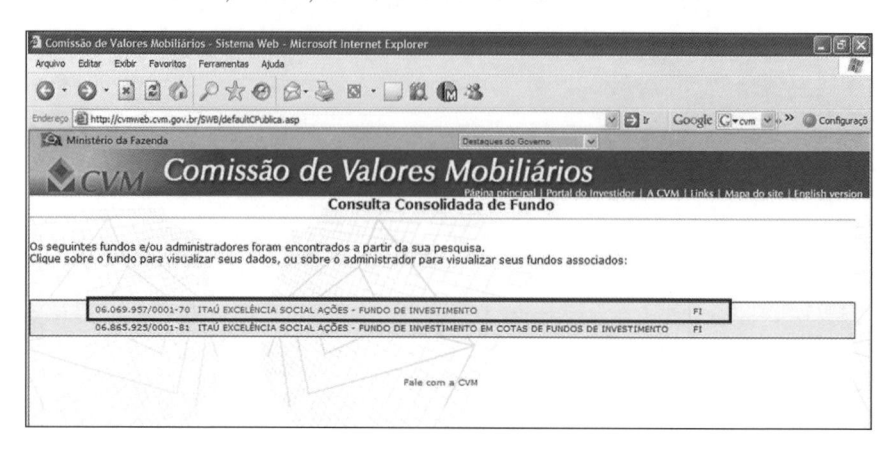

☐ E, a seguir, em "composição de carteira".

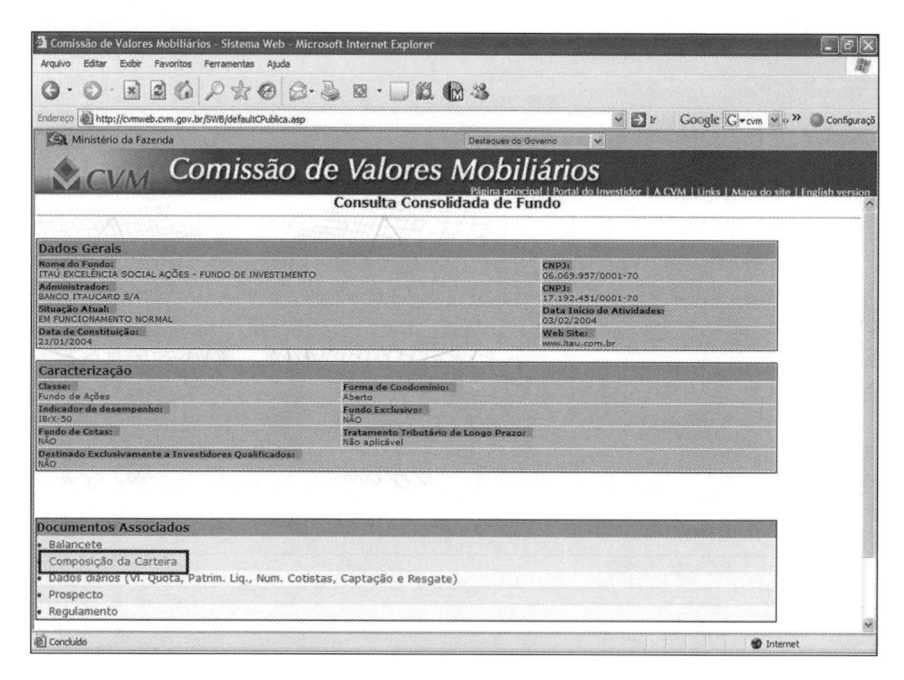

☐ Para visualizar a composição detalhada da carteira, Camila escolhe um período que equivalha a 90 dias anteriores. (Para entender, releia a observação no destaque anterior.)

Produtos de Investimento — Coleção **EXPO MONEY**

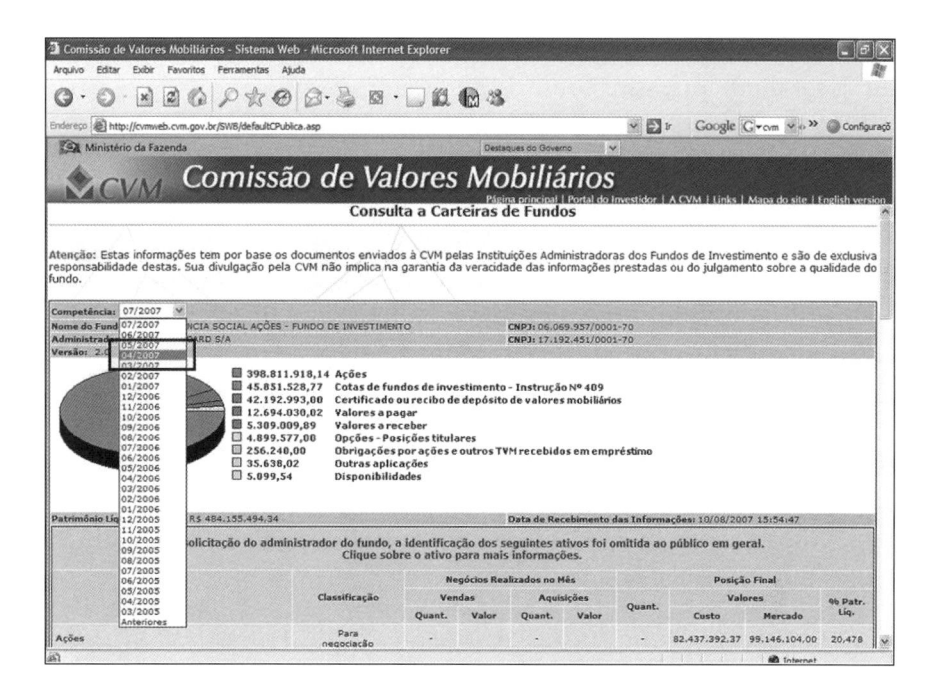

☐ Então, Camila descobre que as 4 (quatro) principais ações do fundo pesquisado (Itaú Excelência Social) são: Petrobras (PETR4), Banco Bradesco (BBDC4), Itaúsa (ITSA4) e Banco Itaú (ITAU4).

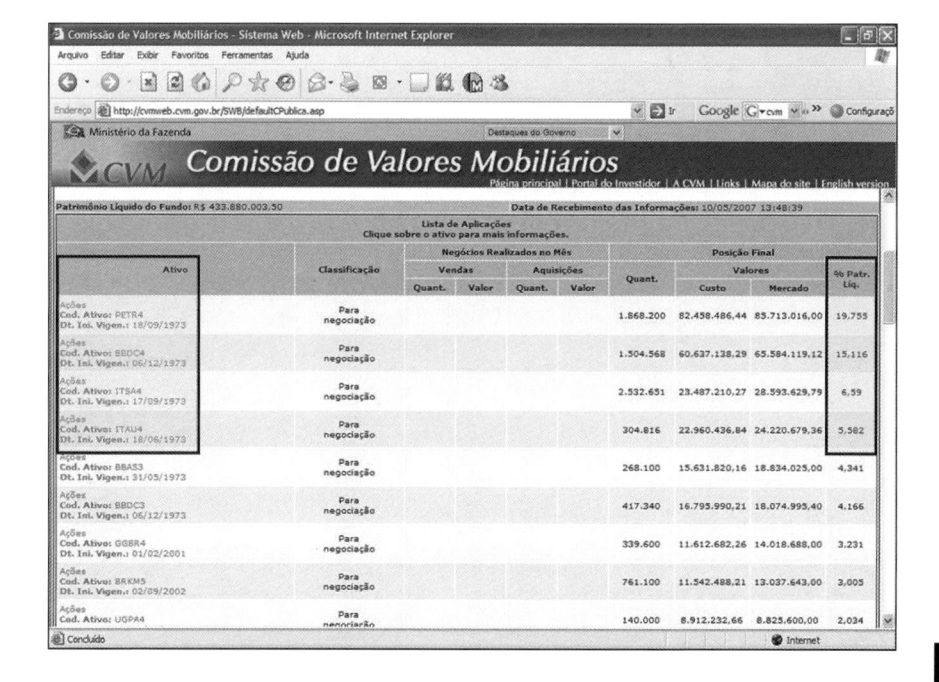

Ótimo, agora Camila pode seguir a sua análise, pesquisando outros fundos e também outras fontes!

DICA DO CONSULTOR

Não se precipite!

Visitar o site da CVM e descobrir onde aquele fundo campeão está investindo é, sim, uma idéia interessante. No entanto, cuidado! Você pode utilizar esta informação como uma fonte a mais na sua pesquisa sobre ações, mas nunca utilize a informação isoladamente.

O que dizer, então, para Camila do **Caso prático**? O que, na prática, ela pode fazer com a informação que obteve? É simples, Camila deve seguir a pesquisa: entender o negócio da Petrobras, do Bradesco, das demais empresas; deve também buscar outras fontes de informação. A dica é: muita pesquisa antes de investir. Aproveite as diferentes fontes mencionadas no livro.

Produtos de Investimento | Coleção **EXPO MONEY**

Site 51   Guia IMF
http://www.imf.com.br

CATEGORIAS

Ações, empresas abertas, balanços, indicadores, atuação.

DESCRIÇÃO

O Guia IMF Companhias Abertas apresenta o perfil de 443 empresas abertas, negociadas em Bolsa. Os dados foram obtidos a partir dos respectivos formulários de informações disponíveis na Comissão de Valores Mobiliários (CVM).

DESTAQUES

☐ **Resumo das empresas**
- Para todas as empresas listadas em bolsa, um resumo com as seguintes informações é apresentado: histórico, principais executivos, principais acionistas, composição do capital, emissões no exterior, principais controladas, produtos e serviços, principais mercados e concorrentes, matérias-primas e fornecedores, balanço patrimonial resumido dos últimos três anos e indicadores financeiros, como lucro por ação, rentabilidade do ativo, dividendo por ação etc.

➡ http://www.imf.com.br >> Busque a empresa desejada (menu à esquerda).

➡ http://www.imf.com.br >> Liste por Nome ou Liste por Setor >> Selecione a empresa desejada.

DICA DO CONSULTOR

Compare as empresas

Uma maneira de avaliar uma empresa é comparar o seu desempenho com outras do mesmo setor. Por exemplo, se a empresa é do ramo alimentício, deve-se compará-la com seus pares do mesmo setor. O Guia IMF lista as empresas negociadas em bolsa por setor, sendo uma fonte para este tipo de pesquisa.

Site 52   Yahoo! Finanças

http://br.finance.yahoo.com

CATEGORIAS

Notícias, ações, cotações das ações, investimentos, gráficos, índices.

DESCRIÇÃO

O portal Yahoo! oferece um serviço relacionado às finanças chamado Yahoo! Finanças. Trata-se de uma seção dentro do portal voltada para finanças que conta, por exemplo, com diversas notícias sobre mercado em geral e investimentos. O conteúdo relacionado ao mercado acionário (cotações, gráficos etc.) é o destaque.

DESTAQUES

☐ **Cotação e gráficos**
- O Yahoo! Finanças disponibiliza a cotação de ações de empresas brasileiras e empresas mundiais em diversos mercados. Oferece também gráficos com o histórico de preços. Gráficos diários, mensais, trimestrais e de períodos de até cinco anos estão disponíveis.

  ➡ http://br.finance.yahoo.com >> Coloque o nome da empresa que você deseja pesquisar em Cotação (no menu superior à esquerda) (ver **Caso prático**).

☐ **Monte a sua carteira e acompanhe os preços**
- Imagine, em um clique, acompanhar o preço de todas as ações na sua carteira e todas as ações que você está pesquisando. O Yahoo! Finanças permite que você monte uma página com a lista de todas as empresas que deseja acompanhar. E atualiza a cotação destas empresas minuto a minuto.

  ➡ http://br.finance.yahoo.com >> Meus investimentos

CASO PRÁTICO

Petrobras e Vale: o gráfico

Márcio, após verificar a volatilidade da Petrobras e da Vale (ver Bovespa, site 48), deseja agora um gráfico comparativo entre os dois papéis nos últimos cinco anos. O Yahoo! Finanças é o site indicado para a confecção do gráfico.

☐ Márcio acessa o Yahoo! Finanças e pesquisa a ação da Petrobras "petr4.sa", obtendo o resultado a seguir. (Observação: por uma questão de nomenclatura do Yahoo!, os códigos das ações negociadas na Bovespa devem ter ".sa" acrescidos ao código tradicional. Portanto, para o Yahoo! "petr4" é "petr4.sa".)

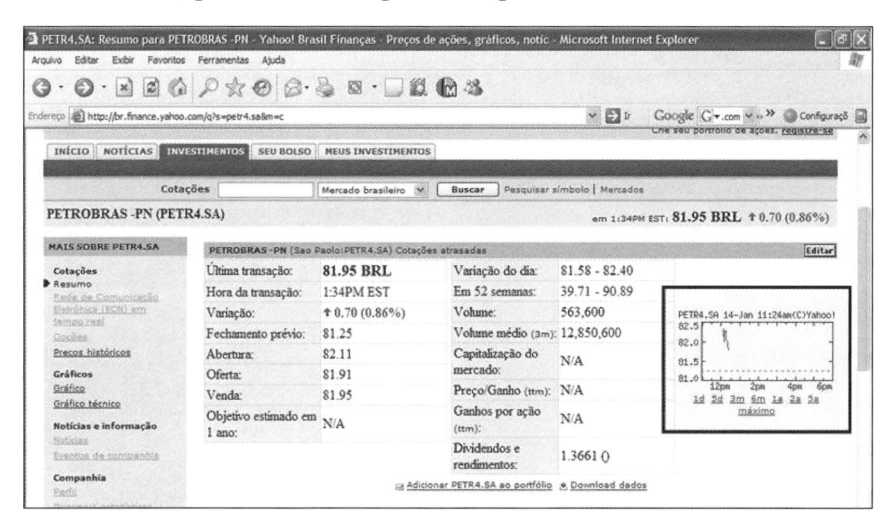

☐ No gráfico à direita da tela, clica em "5a" (5 anos) obtendo o gráfico dos últimos cinco anos da Petrobras:

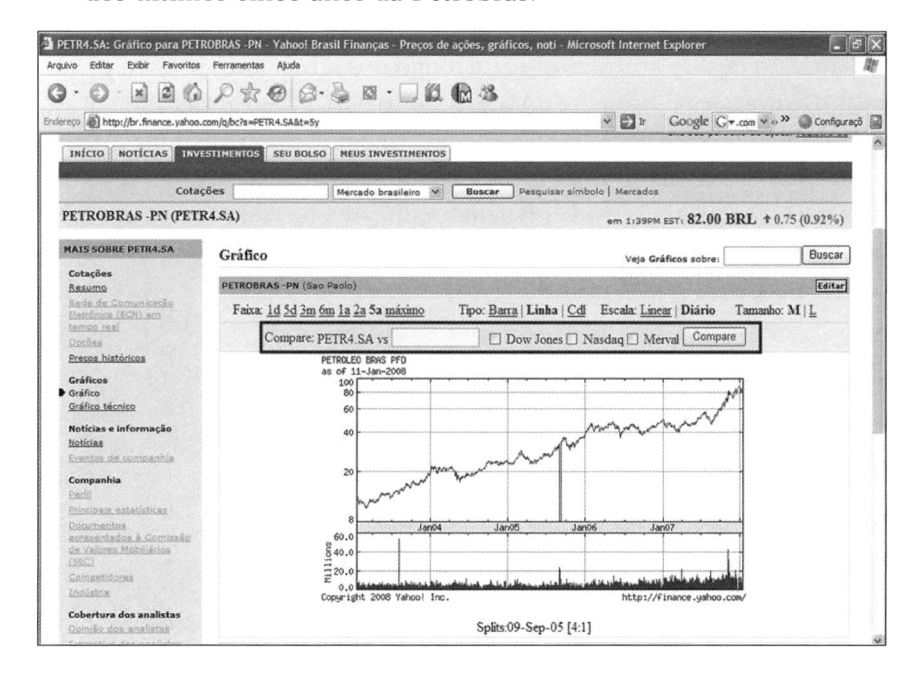

☐ Por fim, insere "vale5.sa" no campo à frente de "Compare PETR4.SA vs". Obtém-se o gráfico comparativo desejado.

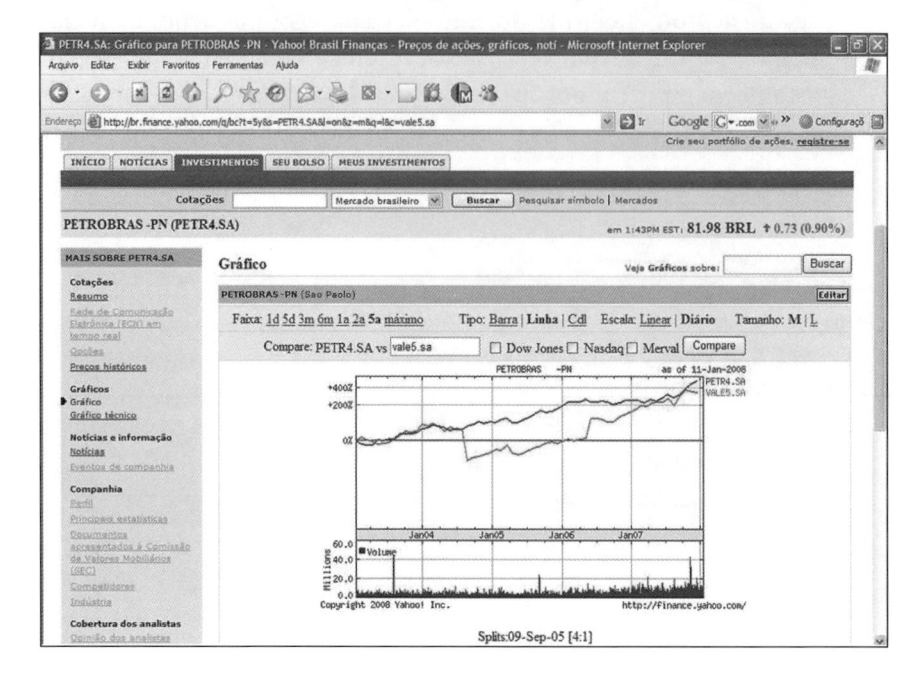

DICA DO CONSULTOR

Ações são para longo prazo

Repare nesses gráficos que, ao longo dos cinco anos, houve ganho muito expressivo tanto para a Vale, quanto para a Petrobras. No entanto, no meio do caminho houve quedas. Imagine um investidor que investiu na Petrobras e, dois meses depois, foi obrigado a vender suas ações. Pode ser que, neste curto intervalo, as ações tenham se desvalorizado e o investidor perdido dinheiro. Por isso, sempre que pensar em ações, pense no longo prazo.

Site 53 Bússola do Investidor

http://www.bussoladoinvestidor.com.br

CATEGORIAS

Investimentos, ações, rentabilidade, risco, controle de carteira.

DESCRIÇÃO

O Bússola do Investidor é uma ferramenta para controle de uma carteira de investimentos, com ações e opções. Criado por Frederico Skwara, estudante de economia da FEA-USP, o sistema é gratuito e, além de monitorar os ganhos (ou perdas) do investidor, oferece uma medida de risco para as ações na carteira: é o "Termômetro de risco".

DESTAQUES

☐ **Fotografia da sua carteira de investimentos**
  o O Bússola do Investidor apresenta ao internauta as seguintes informações sobre sua carteira: valor atual da posição de ações e preço atualizado do papel, ganhos ou perdas acumuladas, risco da posição em aberto e valor dos impostos devidos. Para ter acesso a essas informações, basta cadastrar a posição de ações no sistema, com a data, quantidade e preço pago pelos ativos. Trata-se de uma ótima ferramenta para você monitorar o seu desempenho na bolsa.
    ➡ http://www.bussoladoinvestidor.com.br >> Clique aqui para entrar na sua carteira (à direita na parte inferior) >> Cadastre seus ativos >> Minha Carteira (menu superior) >> Resumo Completo da Carteira.

☐ **Cenários: se a bolsa cair 5%, o que acontece com a sua carteira?**
  o Por meio do sistema **Simulação de Cenários** do Bússola do Investidor, é possível simular como uma situação de risco, como uma queda ou subida de 5% na bolsa, por exemplo, influenciaria a carteira do investidor. As simulações são de caráter ilustrativo e estatístico; utilizam o conceito de *beta* da ação (veja a **Dica do Consultor**).
    ➡ http://www.bussoladoinvestidor.com.br >> Clique aqui para entrar na sua carteira (à direita na parte inferior) >> Cadastre seus ativos >> Minha Carteira (menu superior) >> Risco e Simulações.

CASO PRÁTICO
E se cair 5%?

Bruno tem em sua carteira 100 ações da Petrobras (PETR4) e 100 ações da Vale (VALE5). Utilizando o recurso **Simulação de Cenários**, ele avalia o que ocorrerá com a sua carteira se o Índice Bovespa cair 5%.

Valor das Ações no Cenário

Data da Abertura	Papel	Quantidade	Preço Atual	X	Risco da Posição	=	Preço Hipotético
15/1/2008	PETR4	100	83,40				R$ 79,23
10/1/2008	VALE5	100	46,89				R$ 45,01

Resumo das Operações no Cenário Simulado

Valor da Carteira Atual	R$ 13.029,00
Valor da Carteira no Cenário:	R$ 12.424,44
Ganho/Perda % na simulação:	-4,64%

O sistema aponta que em uma queda de 5%, sua carteira apresentará queda de 4,64%. Ou seja, há uma alta correlação entre o desempenho do Índice Bovespa e o da carteira de Bruno.

DICA DO CONSULTOR
O que é o beta de uma ação?

Beta é uma medida de risco de uma ação; o *beta* indica o grau do retorno relativo de uma ação em relação ao retorno do mercado, no caso brasileiro, em relação ao retorno do Índice Bovespa. O *beta* do mercado é sempre igual a 1 e todos os outros *betas* são calculados em relação a esse valor.

Um *beta* positivo sugere que a ação move na mesma direção do mercado, enquanto um negativo sugere um movimento na direção oposta. Uma ação com um *beta* igual a 3 reage três vezes mais que o mercado, ou seja, para cada mudança de 1% no retorno do mercado, a ação apresenta uma mudança de 3% em seu retorno.

Produtos de Investimento | Coleção **EXPO MONEY**

Site 54   InfoMoney

http://www.infomoney.com.br

CATEGORIAS

Planejamento financeiro pessoal, finanças pessoais, investimentos, ações, renda fixa, câmbio, calculadoras, seguros, previdência, negócio próprio, empreendedorismo, impostos.

DESCRIÇÃO

InfoMoney é um dos principais portais financeiros do Brasil. Tendo a independência como um dos seus princípios – não é vinculado a nenhuma instituição – apresenta um conteúdo muito extenso, abordando os diversos aspectos do planejamento financeiro pessoal de maneira didática e completa. Para facilitar sua visita, o portal é subdividido nas seções: "Mercado", "Suas Finanças", "Seu Negócio" e "Comunidade".

DESTAQUES

☐ Notícias e *Newsletter*
- Com foco nas finanças pessoais, o conteúdo do InfoMoney merece ser lido. Uma boa alternativa é se cadastrar e receber um e-mail com as principais notícias. São diversas *newsletters* temáticas para assinar: "Finanças Pessoais, Investimentos, Seu Negócio, Carros, Imóveis, Carreiras e Estilo de Vida". Escolha a do seu interesse.
    ➡ http://www.infomoney.com.br >> *Newsletter* (menu superior) >> Clique aqui e cadastre-se agora mesmo (corpo do texto).

☐ Fique de olho: as ações mais recomendadas
- Que tal rapidamente consultar as ações mais recomendadas pelos especialistas? A seção **Fique de olho: consenso do mercado** oferece este serviço. Trata-se do MCI InfoMoney (*Market Consensus Indicator*), que traz uma medida de consenso das recomendações dos principais analistas de bancos de investimentos e corretoras, para os papéis mais importantes negociados na Bovespa.
    ➡ http://www.infomoney.com.br (parte inferior à direita) >> Fique de Olho (cinco ações mais recomendadas) ou Outras Ações (para conhecer o índice MCI de todos os papéis).

☐ Fórum
- Fórum bastante ativo, com foco no mercado de ações. Mais uma alternativa para trocar idéias sobre o tema.
    ➡ http://www.infomoney.com.br >> Fórum (menu superior).

153

- **Glossários (no plural!)**
  - Diversos glossários são disponibilizados para o leitor. Além de um dicionário sobre ações, há dicionários sobre renda fixa, câmbio, impostos, seguros e previdência.
    - ➡ http://www.infomoney.com.br >> Mercados (menu à esquerda) >> Ações >> Educacional >> Glossário.
    - ➡ http://www.infomoney.com.br >> Mercados (menu à esquerda) >> Renda fixa ou Câmbio >> Glossário.
    - ➡ http://www.infomoney.com.br >> Suas Finanças (menu à esquerda) >> Previdência, Seguros ou Impostos >> Glossário.
- **Agenda do investidor**
  - Para saber quais os eventos econômicos da próxima semana, como, por exemplo, a data de divulgação de índices de inflação, basta consultar a agenda do investidor.
    - ➡ http://www.infomoney.com.br >> Mercados (menu à esquerda) >> Ações >> Agenda.
- **Gráfico Análise Técnica**
  - A seção de gráficos do site permite que o usuário tenha acesso a gráficos com indicadores de análise técnica.
    - ➡ http://www.infomoney.com.br >> Mercados (menu à esquerda) >> Ações >> Gráficos >> Análise Técnica.
- **Análise Financeira**
  - É possível, também, ter acesso aos principais indicadores financeiros (por exemplo: Preço / Lucro, nível de endividamento etc.) de cada ativo do Índice Bovespa.
    - ➡ http://www.infomoney.com.br >> Mercados (menu à esquerda) >> Ações >> Análise Financeira >> Escolha o ativo (dentro do item busca).
- **Guias sobre diferentes temas**
  - O portal InfoMoney traz diversos guias com informações consolidadas sobre temas como: "impostos, aposentadoria (previdências privada e pública), orçamento, finanças para jovens, seguros, imóveis, carro e seu negócio". A leitura vale por um livro sobre cada tema.
    - ➡ http://www.infomoney.com.br >> Suas Finanças (menu à esquerda) >> Cada tema possui um Guia Infomoney (parte superior à direita).
- **Calculadoras**
  - Destaque para as calculadoras **Suas Contas**; alguns exemplos: "Devo consolidar minhas dívidas?" ou "Quanto devo pagar para quitar antecipadamente minha dívida?".

➡ http://www.infomoney.com.br >> Suas Finanças (menu à esquerda) >> Ferramentas >> Escolha o cálculo que deseja fazer.

CASO PRÁTICO
Analisando uma ação

Rafael, estudante universitário, está avaliando a compra de ações de empresas do setor alimentício. As empresas Sadia e Perdigão são exemplos. Uma das alternativas de análise existentes é a comparação dos indicadores financeiros das empresas. O site InfoMoney fornece esses indicadores, Rafael aproveita e acessa os índices a seguir:

Estrutura de Capital	3T06	4T06	1T07	2T07	3T07
% Dív. curto prazo	25,69	24,86	25,85	28,89	26,43
% Dív. longo prazo	74,31	75,14	74,15	71,11	73,57
Endiv. longo prazo	27,52	27,92	28,16	24,74	27,14
Endividamento líquido (%)	23,94	22,58	25,22	20,79	26,31
Permanente/patrimônio (%)	148,22	145,32	143,98	142,97	149,50
Dívida líquida/patrimônio (%)	38,02	35,93	40,67	31,88	41,68
Imobilizado/patrimônio (%)	90,51	88,07	89,00	89,19	91,42
Payout ratio (%)	51,99	38,54	23,52	26,09	29,69

Para saber o exato significado de cada índice, Rafael clica na interrogação (ajuda). A comparação dos indicadores fornece novas informações para o estudante; ainda assim, a busca por informações deve continuar: ler os balanços anuais e consultar o que outros analistas e corretoras esperam das empresas são alternativas para Rafael evoluir ainda mais sua pesquisa.

DICA DO CONSULTOR
Mantenha-se atualizado com a newsletter InfoMoney

Newsletter é uma espécie de boletim eletrônico enviado por e-mail. A *newsletter* InfoMoney sobre finanças pessoais é um jornal sobre o tema, com diferentes notícias diárias, todas relacionadas às áreas do planejamento: orçamento, seguros, investimento etc. Não perca a oportunidade de se cadastrar e, diariamente, ampliar a sua educação financeira.

Site 55 INI – Instituto Nacional de Investidores

http://www.ini.org.br

CATEGORIAS

Bolsa de valores, investimentos, ações, economia, planejamento tributário, educação financeira.

DESCRIÇÃO

O INI (Instituto Nacional de Investidores) é uma instituição sem fins lucrativos, com o objetivo de oferecer à população brasileira orientação sobre como investir no mercado de ações. O site descreve, em detalhes, o funcionamento do INI e sua metodologia. Dois recursos gratuitos são destaques: "Aquarela do Mercado" e os "Informativos Mensais do INI".

DESTAQUES

☐ **Informativos mensais INI: Aprenda na prática**
- O INI disponibiliza, mensalmente, um informativo sobre o mercado de ações para o investidor. O grande mérito do relatório é ensinar conceitos gerais sobre investimentos em ações, sempre com exemplos numéricos e ligados à prática. Esta característica, por exemplo, é percebida muito bem em um artigo chamado "Imposto de Renda sobre Ganho de Capital em Ações: a perspectiva dos investidores de longo prazo". No artigo, é ensinada uma estratégia de planejamento tributário para reduzir o estoque de imposto a pagar no longo prazo (veja **Dica do consultor**).
➡ http://www.ini.org.br >> Leia os Informativos do INI (menu à esquerda) >> Escolha o mês da sua preferência.

☐ **Aquarela do Mercado: Fotografia em cores do desempenho da Bolsa**
- Já imaginou em uma única tela identificar rapidamente o desempenho de todos os setores da Bovespa em determinado período? Pois bem, isto existe e se chama "Aquarela do Mercado". Em uma única tela, diferentes quadros representando diferentes setores (bancos, petróleo, telecomunicações etc.) e, dentro destes quadros, representações das empresas que compõem o setor. Se a cor é verde, no período analisado, o desempenho foi positivo; se a cor é vermelha, desempenho negativo.

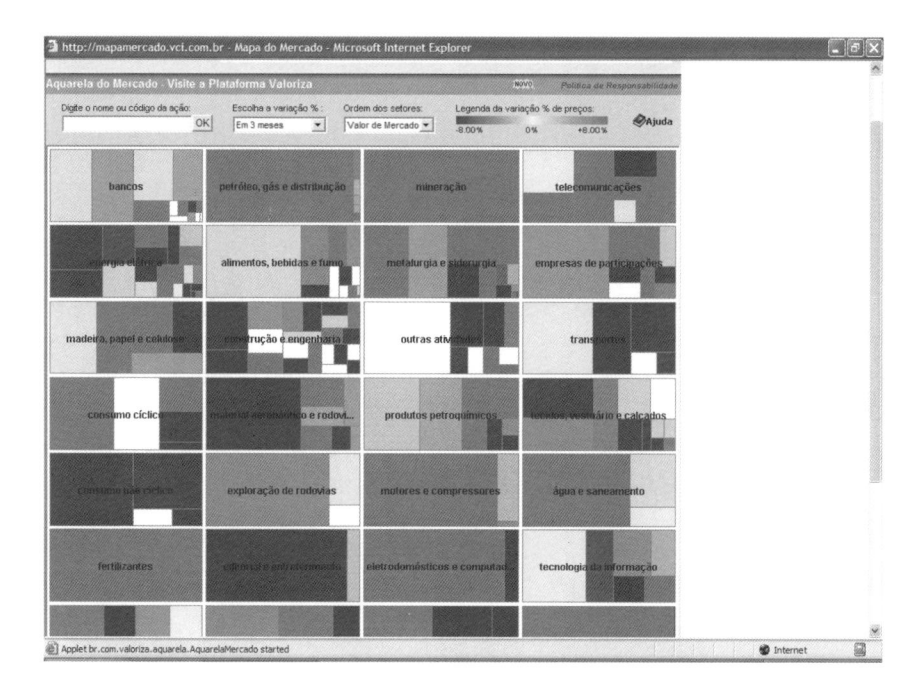

➡ http://www.ini.org.br >> Aquarela do Mercado (menu à esquerda) >> Escolha no topo o período a ser analisado (1 mês, 3 meses, 6 meses, 12 meses etc.).

DICA DO CONSULTOR

Vantagens tributárias do investimento direto em ações

Aqueles que desejam adotar a estratégia de comprar papéis de poucas empresas e os manter no longo prazo podem aproveitar um benefício tributário existente. O ganho de capital obtido com a venda de ações até o limite de R$20.000 mensais não é tributado. Ou seja, se você deseja comprar ações da Petrobras para a sua aposentadoria e, futuramente, venha a fazer resgates mensais inferiores a R$20.000 para custear o seu orçamento, não pagará imposto. Do contrário, caso venha a comprar cotas de um fundo de investimento que invista na Petrobras, pagará sempre 15% sobre o ganho de capital obtido.

Site 56 CBLC – Companhia Brasileira de Liquidação e Custódia

http://www.cblc.com.br

CATEGORIAS

Investimento, ações, custódia, guarda de ativos.

DESCRIÇÃO

A CBLC (Companhia Brasileira de Liquidação e Custódia) é a entidade que realiza a guarda de títulos, valores mobiliários e outros instrumentos financeiros. Ou seja, o registro de que, por exemplo, o investidor Eugênio Amaral é detentor de 100 ações da empresa ABC fica armazenado junto à CBLC. Moral da história: na dúvida sobre a propriedade de ações, a CBLC é uma boa fonte de referência.

DESTAQUES

☐ **Aluguel de ações: o manual**
  ○ A CBLC disponibiliza um manual completo sobre o tema "aluguel de ações" (ver **Dica do consultor**).
   ➡ http://www.cblc.com.br >> Banco de Títulos (BTC) (menu à esquerda) >> O Serviço >> Mais informações >> Clique para fazer o *download*.

☐ **Palestras Virtuais**
  ○ Palestras com imagem e áudio organizadas pela CBLC sobre diferentes temas. Destaque para a palestra **Tesouro Direto**, que ensina sobre o funcionamento desta modalidade de investimento.
   ➡ http://www.cblc.com.br >> Palestras virtuais (menu superior) >> Escolha qual palestra deseja assistir.

DICA DO CONSULTOR

É possível alugar as suas ações

É possível alugar as suas ações e receber uma taxa por esta operação. Investidores podem disponibilizar títulos para empréstimos e os interessados os tomam mediante aporte de garantias. A CBLC atua como contraparte no processo e garante as operações. Segundo a própria CBLC: "A operação de empréstimo, em si, consiste na transferência de títulos da carteira do investidor para satisfazer necessidades temporárias de um tomador, que precisa de títulos para suporte de sua atividade de *trading* ou para fazer frente à falta de papéis na liquidação de operações de venda já realizadas."

Site 57 Folhainvest em Ação

http://emacao.folha.uol.com.br

CATEGORIAS

Ações, investimentos, simulador.

DESCRIÇÃO

Quer começar a investir R$100.000 em ações? Comece hoje mesmo com o simulador "Em Ação". Cada participante recebe, ao se inscrever, um capital fictício de R$100.000 e mais R$100.000 investidos nas 15 ações com melhor liquidez. O objetivo é obter a melhor rentabilidade, em cada período, através de operações de compra e venda de ações. Os jogadores (aprendizes) com melhor rentabilidade ganham prêmios.

DESTAQUES

☐ **Aprendendo na prática**
  ○ Para quem está iniciando, a leitura da seção de perguntas mais freqüentes e do "Manual em Ação" é recomendada.
    ➡ http://emacao.folha.uol.com.br >> Perguntas mais freqüentes ou Manual em Ação (menu superior).

CASO PRÁTICO

Iniciando na Bolsa

Rogério, estudante de economia, quer investir em ações; nos últimos meses, se dedicou a estudar o assunto: leu sites, livros e freqüentou palestras. A teoria, ele sabe; falta a prática. Por um lado, está ansioso para comprar e vender suas primeiras ações, mas, por outro, sabe que está em fase de aprendizado e ainda não se sente seguro para investir sua poupança na Bolsa. Ao dividir suas dúvidas com seu professor de finanças, logo recebeu a sugestão: "Inicie na bolsa por meio de um simulador. Você poderá testar seu conhecimento sem colocar em risco sua poupança."

Rogério adorou e, com base nos bons resultados que vem obtendo no simulador, já pretende, no próximo mês, fazer sua primeira compra de ações com dinheiro "real".

DICA DO CONSULTOR
Voando no simulador

Um bom piloto comprova as suas habilidades no simulador de vôo. Com as ações, é possível fazer o mesmo. Mesmo que você imagine estar dominando o mundo das ações, antes de investir seu dinheiro, faça um teste no simulador e avalie, em um prazo de seis meses, como foi o desempenho em relação ao Índice Bovespa. Você não precisa aprender com o dinheiro de verdade, aprenda com o dinheiro virtual.

Site 58   Doji Star Four Gráficos

http://www.dojistar.com.br

CATEGORIAS

Ações, gráficos, análise gráfica, análise técnica.

DESCRIÇÃO

Doji Star é a empresa do renomado analista grafista Didi Aguiar. O site tem como foco a análise gráfica.

DESTAQUES

☐ **Relatórios liberados gratuitamente**

○ A Doji Star tem como um de seus serviços a venda de relatórios com a análise gráfica diária de diferentes ativos. Após 10 dias, estes relatórios são disponibilizados gratuitamente no site da empresa. É claro que o relatório perde a sua validade; afinal, para a análise gráfica, em uma semana, alterações significativas podem ocorrer. No entanto, trata-se de uma excelente fonte para enriquecer o estudo da chamada análise grafista: é possível ter acesso à interpretação de um gráfico por um competente analista.

➡ http://www.dojistar.com.br >> Relatórios liberados (menu à esquerda).

DICA DO CONSULTOR

O que é análise grafista?

A análise grafista – também conhecida como análise técnica – utiliza os gráficos para prever a tendência dos preços dos ativos. A análise gráfica baseia-se no princípio de que os preços dos ativos se movem com tendências repetitivas e identificáveis; determinando estas tendências, é possível afirmar qual o melhor momento para comprar ou vender um ativo.

Site 59   Ação & Reação
http://www.acaoereacao.net

CATEGORIAS

Investimentos, ações, análise fundamentalista, *value investing*.

DESCRIÇÃO

Elaborado pelo investidor individual Roger Maudsley, o site Ação & Reação é indicado para aqueles que desejam estudar e praticar a chamada análise fundamentalista de ações, usada por Warren Buffett, reconhecido milionário americano.

Artigos e análises de ações são destaques; a indicação do site, no entanto, se dá pelo caráter didático dos artigos e das análises. Ao analisar determinada ação, o autor, por exemplo, descreve todo seu processo de raciocínio: quais fatores considerou, como funciona a empresa, o mercado etc. Uma excelente maneira de se aprender, na prática e gratuitamente, como analisar uma ação!

DESTAQUES

☐ **Análises e recomendações de ações**
- Análises de ações escolhidas pelo autor do site incluem: introdução sobre a empresa, análise dos números e recomendação.
  ➡ http://www.acaoereacao.net >> Seções Novidades e Raios-X (logo na primeira página).
  ➡ http://www.acaoereacao.net >> Raio-X (menu à esquerda).

☐ **Artigos**
- Artigos sobre análise fundamentalista, bastante didáticos e com conteúdo prático. Alguns exemplos são: "Warren Buffet: o investidor tranqüilo", "Investimento defensivo: retornos sem dor de cabeça" e "Os 10 Mandamentos do Value Investor".
  ➡ http://www.acaoereacao.net >> Arquivo (à direita).

☐ **100 Ações**
- A escolha das ações **100 Mais** pelo site Ação e Reação é uma seleção por computador das 100 ações mais atraentes, atualizada semanalmente. A análise considera oito fatores relacionados com desempenho, estrutura financeira e liquidez de negociação, alocando pesos diferentes a cada um.
  ➡ http://www.acaoereacao.net >> 100 Mais (menu à esquerda).

DICA DO CONSULTOR

Quem é Warren Buffett e o que é análise fundamentalista?

Warren Buffett, em 2007, foi mais uma vez apontado pela revista *Forbes* como um dos homens mais ricos do mundo, o terceiro no *ranking* da revista. Buffett é investidor e sua fortuna foi criada no mercado de ações. Com muita análise e estudo das empresas em que investe, Buffett procura excelentes empresas que estejam sendo negociadas a preços razoáveis. Sempre com a visão de longo prazo, Buffet busca empresas para se tornar sócio e não para simplesmente comprar e vender no dia seguinte. Enfim, Warren Buffet adota no seu processo de investimento a chamada análise fundamentalista.

Para se analisar uma ação, são apontadas, normalmente, duas formas de análise: a fundamentalista e a técnica. A análise fundamentalista é aquela que busca entender uma empresa em detalhes, seus números, perspectivas de crescimento, estratégia empresarial etc. Muitas vezes, os analistas fundamentalistas visitam a empresa, afinal, a intenção é comprar a ação para se tornar sócio, pensando no longo prazo. Já a análise técnica é aquela que analisa os gráficos das ações para identificar tendências e avaliar se é um bom momento para a compra ou venda. Na análise técnica, o foco é o curto prazo, o momento.

Qual análise utilizar: fundamentalista ou técnica? As duas oferecem informações relevantes. Porém, se o seu objetivo para o investimento em ações é o longo prazo, priorize a análise fundamentalista. E utilize a análise técnica como uma informação a mais para avaliar se o momento em especial é interessante para você se tornar sócio da empresa que escolheu.

Site 60 — Página do Investidor Ser– (Sérgio)

http://br.geocities.com/sergiorn

CATEGORIAS

Análise fundamentalista, *value investing*, Warren Buffet, Benjamin Graham, ações, investimentos.

DESCRIÇÃO

Site extremamente simples no design. Provavelmente, você, leitor, irá até se assustar ao acessá-lo, porém a informação é de qualidade. As traduções de textos publicados em excelentes sites americanos sobre investimentos são o destaque.

DESTAQUES

☐ Traduções do *Fool.com*: um dos melhores sites (se não o melhor) site americano sobre planejamento financeiro e investimentos!
  ○ Textos traduzidos do site *http://www.fool.com*. O *Fool.com* é referência quando se fala em ações e *value investing*. São diversas traduções, entre elas: "As 11 Regras para Escolha de Ações" e "Plano de Proteção contra Mercados de Baixa". Caso prefira ler o texto original em inglês, o autor disponibiliza o link.
    ➡ http://br.geocities.com/sergiorn >> Textos >> Busque no texto "Traduções do Site Motley Fool".

☐ Os gurus do investimento, em versão resumo.
  ○ Quer conhecer rapidamente informações básicas sobre grandes investidores de sucesso, como perfil, estilo de investimento, métodos e estratégias? O site em questão oferece este conteúdo. Alguns exemplos de investidores comentados são Warren Buffet, Benjamin Graham e Peter Lynch.
    ➡ http://br.geocities.com/sergiorn >> Textos >> Busque no texto "Os gurus de investimento".

CASO PRÁTICO

Revendo os conceitos iniciais

Francisco, 29 anos, advogado, se apresentava como um investidor de longo prazo. De tempos em tempos, no entanto, a volatilidade dos mercados aumentava, Francisco via todos os amigos venderem suas ações e batia aquela dúvida: "devo vender também?". Para refletir com moderação sobre a dúvida, o jovem advogado encontrou um método: reler os conceitos iniciais do chamado *value investing* e, então, ponderar sobre qual decisão tomar. Os textos da Página do Ser têm sido uma das fontes prediletas de Francisco.

DICA DO CONSULTOR
Fool.com

Se você lê em inglês, visite o site *http://www.fool.com*. Trata-se de um dos melhores sites americanos sobre planejamento financeiro e investimentos.

Site 61 — Petrobras – Relações com o Investidor

http://www.petrobras.com.br/ri

CATEGORIAS

Relações com investidores, Petrobras, ações, investimentos.

DESCRIÇÃO

A Petrobras, empresa do ramo de energia, é uma das maiores empresas brasileiras, sendo muito relevante para a movimentação do Índice Bovespa. A menção da Petrobras neste livro tem o objetivo de orientar você, leitor, a utilizar o serviço de Relações com Investidores das empresas listadas na Bolsa de Valores (veja **Dica do consultor**). No caso da Petrobras, o investidor tem acesso a diferentes informações sobre a empresa por meio de balanços interativos, *chats*, conferências telefônicas etc.

DESTAQUES

☐ **E-mail de alerta**
- Cadastre-se e receba, em primeira mão, no seu e-mail, comunicados, destaques operacionais e corporativos, publicações, relatórios financeiros, avisos de teleconferências, *webcastings* e apresentações sobre a Petrobras.

  ➡ http://www.petrobras.com.br/ri >> E-mail Alerta (menu à esquerda) >> Faça o cadastro.

☐ **Balanço Interativo e Indicadores Financeiros da Empresa**
- A Petrobras disponibiliza suas demonstrações financeiras de forma interativa. Você escolhe quais itens do balanço patrimonial ou quais indicadores financeiros deseja analisar e faz o *download* dos dados em Excel.

  ➡ http://www.petrobras.com.br/ri >> Informações financeiras (menu à esquerda) >> Balanços Interativos ou Indicadores Fundamentalistas.

☐ **Os executivos da empresa comentam o resultado**
- Um dos papéis dos gestores de uma empresa é apresentar os resultados aos acionistas. Assim, a Petrobras disponibiliza, via Internet, apresentações de slides sobre a companhia e também a gravação das apresentações dos executivos aos acionistas. Por meio da Internet, é possível também ouvir, ao vivo, estas apresentações e até mesmo enviar perguntas.

  ➡ http://www.petrobras.com.br/ri >> Apresentações e Eventos (menu à esquerda) >> Apresentações ou Conferências telefônicas.

CASO PRÁTICO
Ouvindo o presidente

Adriana é acionista da Petrobras. Em novembro de 2007, foi anunciado publicamente o grande potencial da chamada "Área de Tupi". Muitas notícias surgiram e o preço das ações disparou. Adriana, no entanto, foi direto na fonte ouvir o que o presidente da empresa tinha a falar sobre a reserva de Tupi.

Seguiu o roteiro apresentado no destaque anterior e assistiu à conferência Webcast com o presidente José Sergio Gabrielli de Azevedo, o diretor de Exploração e Produção Guilherme de Oliveira Estrella e o diretor Financeiro e de Relações com Investidores Almir Guilherme Barbassa sobre "Análise da área de TUPI". Petrobras, Rio de Janeiro-RJ."

> 08/11/2007
> Webcast com o presidente José Sergio Gabrielli de Azevedo, o diretor de Exploração e Produção Guilherme de Oliveira Estrella e o diretor Financeiro e de Relações com Investidores Almir Guilherme Barbassa sobre "Análise da área de TUPI". Petrobras, Rio de Janeiro-RJ.
>
> Audio e Slides   Convite   Transcrição   Slide

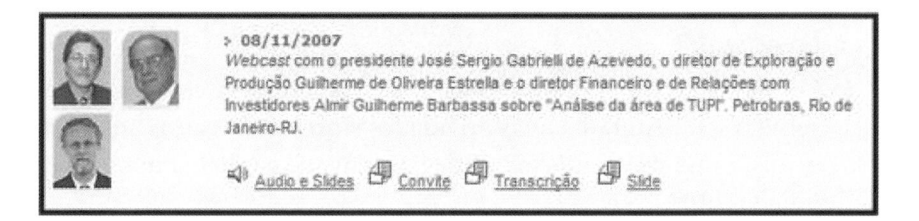

DICA DO CONSULTOR
Utilize o RI das empresas

Quem compra uma ação torna-se sócio de uma empresa. Relações com Investidores (RI) é o departamento que faz a comunicação da empresa com seus sócios, apresentando, por exemplo, como vem sendo o desempenho da companhia. Neste livro, a título de exemplo, são mencionadas as áreas de RI da Petrobras e da Vale (site a seguir). De todo modo, todas as empresas negociadas em bolsa, cada vez mais, investem em suas áreas de RI. Portanto, aproveite, entre em contato, entenda o negócio da empresa e tire suas dúvidas. Sinta-se um verdadeiro sócio.

Site 62 — Vale – Relações com o Investidor

http://www.vale.com.br

CATEGORIAS

Ações, investimentos, relação com investidores, empresas, negócios.

DESCRIÇÃO

A Vale (antiga Companhia Vale do Rio Doce) é também uma das principais empresas brasileiras, a maior em valor de mercado no início de 2008. O site da Vale – como o de toda empresa negociada em bolsa – contém uma seção para investidores. É uma excelente fonte de informação para o investidor tomar mais conhecimento sobre a companhia.

DESTAQUES

☐ **Relatório Anual**
- O Relatório Anual é uma espécie de livro, onde a empresa apresenta o seu resultado, suas atividades e projetos futuros aos acionistas. Trata-se de uma maneira excelente de conhecer mais sobre uma empresa.
  ➡ http://www.vale.com.br >> Investidores (menu à esquerda) >> Relatórios Anuais (Escolha o mais recente) >> Baixe o relatório em PDF.

☐ **Aprendendo na prática**
- Dezenas de perguntas freqüentes sobre ações. Sempre com finalidade prática. Ler as perguntas é um aprendizado sobre o funcionamento do mercado. São exemplos de perguntas: "O que é preciso fazer para investir em ações da Vale?" e "Quem os investidores podem contatar caso não recebam o pagamento dos dividendos / juros sobre o capital próprio devidos?".
  ➡ http://www.vale.com.br >> Investidores (menu à esquerda) >> Perguntas Freqüentes (menu à esquerda).

DICA DO CONSULTOR

Participe das assembléias

Na assembléia geral de uma empresa, são tomadas decisões cruciais, como a aprovação das contas da administração e a eleição ou destituição dos administradores. Todos os acionistas, inclusive os minoritários, com, por exemplo, uma única ação, podem e devem participar da assembléia geral.

Você pode ir à assembléia simplesmente para assistir à apresentação do resultado da empresa, ou então pedir a palavra e fazer perguntas ou comentários sobre a atuação da empresa. Lembre-se: ao adquirir uma ação, você é acionista. Caso você tenha ações de uma empresa, verifique a data da próxima assembléia geral e compareça.

Derivativos

Site 63 BM&F – Bolsa de Mercadorias & Futuros
http://www.bmf.com.br

CATEGORIAS

Derivativos, mercados futuros, café, boi gordo, hedge.

DESCRIÇÃO

A BM&F tem como objetivo organizar e desenvolver um centro de negociação de contratos derivativos. O site é excelente para aqueles que desejam compreender mais sobre o mercado de derivativos e também testar o conhecimento, na prática, por meio de simuladores.

DESTAQUES

☐ **Não sabe o que são derivativos?**
- A BM&F disponibiliza em seu site uma publicação introdutória sobre o mercado de derivativos. Um livro sobre o tema. "O que são derivativos", "para que servem" e "por que utilizá-los" são exemplos de tópicos abordados.
  ➡ http://www.bmf.com.br >> Publicações (menu à esquerda) >> Séries >> Série Introdutória.

☐ **Simulador e minicontratos**
- Tendo compreendido o guia introdutório, a melhor maneira de iniciar na BM&F é por meio do Simulador BM&F, onde, em caráter educacional, é possível simular a compra de contratos mini de boi gordo, café, dólar e Índice Bovespa.
  ➡ http://simulador.bmf.com.br >> Mini de Boi Gordo, Mini de Café, Mini de Dólar ou Mini de Índice Bovespa (para conhecer mais sobre os contratos mini).
  ➡ http://simulador.bmf.com.br >> Cadastre-se (para utilizar o simulador).

☐ **Livro**
- Para se aprofundar, há guias específicos para cada mercado disponível na BM&F: "Mercado de Câmbio", "Futuros de Boi Gordo e Bezerro", "Futuro de Índice Bovespa", "Futuro de Café", entre outros.
  ➡ http://www.bmf.com.br >> Publicações (menu à esquerda) >> Séries >> Série Mercados >> Escolha o título desejado.

Produtos de Investimento | Coleção **EXPO MONEY**

☐ **Mercado de Carbono**
  ○ A negociação de créditos de carbono, tão citada hoje em função da preocupação com o meio ambiente, é realizada por meio da BM&F. Para entender mais, há um mini-site sobre o tema.
  ➡ http://www.bmf.com.br >> Mercado de Carbono (menu à esquerda) >> Perguntas freqüentes.

CASO PRÁTICO
Iniciante na BM&F

Investidor experiente em ações, Carlos, 43 anos, professor de educação física, desconhecia totalmente o que eram os derivativos até ler a publicação introdutória da BM&F **Mercados Derivativos**. Ali, aprendeu, por exemplo, que há quatro tipos de mercados derivativos: a termo, futuro, de opções e de *swap*. Conhecendo a teoria, Carlos queria entender, na prática, como funcionavam alguns desses mercados. Foi aí que o Simulador BM&F foi perfeito para complementar o aprendizado do professor. Desde então, recomenda aos seus colegas investidores em ações que conheçam os derivativos por meio das Publicações e do Simulador da BM&F.

DICA DO CONSULTOR
O que são "Opções"?

Opções são instrumentos derivativos, ou seja, instrumentos financeiros cujo preço de mercado deriva do preço de outro bem. No mercado de opções, negocia-se o direito de comprar ou vender um bem por um preço fixo numa data futura. Por exemplo, uma opção da Petrobras PN (PETR4) está ligada ao direito de compra ou venda do ativo PETR4. Para saber mais, consulte o guia **O que são derivativos?** no site da BM&F.

Site 64 Bastter

http://www.bastter.com

CATEGORIAS

Investimento em opções, fórum de discussão, análise técnica, análise fundamentalista.

DESCRIÇÃO

Mantido pelo renomado operador Maurício Hissa – o Bastter – desde 2001, o bastter.com é um portal sobre o mercado financeiro brasileiro. O conteúdo sobre opções e também a interatividade entre os usuários por meio de fóruns são os grandes destaques.

DESTAQUES

☐ **Aprenda a operar opções**
- Diversos textos introdutórios sobre o mercado de opções. Além do próprio texto **Aprenda a operar opções**, há diversos outros, como: "Elementos que afetam o preço", "Comprando opções de venda (PUT)", "Operar opções é diferente de ações" etc.
    ➡ http://www.bastter.com >> Aprendizado (menu superior) >> Aprenda a operar opções.

☐ **Análises diárias gratuitas e exclusivas**
- Análises das opções de PETR4 (Petrobras), TNLP4 (Telemar), VALE5 (Vale) e de contratos em aberto, opções descobertas e estudos de volatilidade das opções. O objetivo do autor é despertar o interesse pelo estudo do mercado financeiro.
    ➡ http://www.bastter.com >> Estudos (menu superior) >> Selecione a análise desejada (para acessar é preciso cadastrar-se gratuitamente).

☐ **Manual do iniciante, cursos grátis de análise técnica e fundamentalista**
- A seção **Aprendizado** é rica em conteúdo. Fique atento para o "Manual do Iniciante" com conceitos básicos sobre investimentos e também para o "Curso grátis de análise técnica" e "Curso grátis de análise fundamentalista". Excelentes alternativas para aprender mais sobre estes tipos de análise de ações.
    ➡ http://www.bastter.com >> Aprendizado >> Manual do Iniciante, Curso grátis de análise técnica e Curso grátis de análise fundamentalista.

☐ **Fórum**
  ○ O fórum Bastter existe desde a fundação do site, sendo um dos destaques do portal. Aproveite para trocar idéias.
  ➡ http://www.bastter.com >> Fórum de Mercado (menu superior).

CASO PRÁTICO

Fórum: aprendendo com o erro dos outros

Bruno, 27 anos, técnico em informática, quer aprender a negociar opções. Além de estudar o assunto, decidiu visitar o fórum de discussão Bastter para aprender com a opinião de quem já opera com opções.

Cadastrou-se no fórum e buscou o termo "iniciante". Satisfeito, teve acesso a experiência de diversos outros internautas. Um exemplo: "(...) Quando me dediquei mais ao estudo e menos a operações, me saí melhor. Porém, às vezes cometo a falha de querer adivinhar a direção do mercado para operar... Falha de iniciante que ainda vou sanar... (...)".

DICA DO CONSULTOR

Operar opções é diferente de operar ações

As opções são instrumentos financeiros diferentes das ações e podem levar a prejuízos significativos, se operados sem um plano previamente traçado e sem conhecimento sobre o que se está fazendo. Portanto, mais do que nunca, o investimento no estudo das opções antes de operar é fundamental. Bastter apresenta as opções não como especulação, mas como uma alternativa de controle de risco para aqueles que detêm uma carteira de ações.

CAPÍTULO 7

Aposentadoria

O capítulo **Aposentadoria** mostra como investir para esta importante fase da vida. Aborda temas como: previdência social, previdência privada, planos do tipo PGBL e VGBL, entre outros.

Site 65 MPAS – Ministério da Previdência e Assistência Social

http://www.mpas.gov.br

CATEGORIAS

Aposentadoria, INSS, benefícios, aposentadoria por idade, auxílios, pensão.

DESCRIÇÃO

A Previdência Social tem como objetivo substituir a renda do trabalhador contribuinte diante da perda da capacidade de trabalho em diferentes momentos: doença, invalidez, idade avançada, morte e desemprego involuntário, ou mesmo a maternidade e a reclusão. O site do Ministério da Previdência Social tem como destaques o conteúdo explicativo sobre os benefícios fornecidos pela Previdência e também os simuladores de aposentadoria.

DESTAQUES

☐ **Simule a sua aposentadoria**
  o É possível realizar duas simulações: "Simulação da Contagem de Tempo de Contribuição e Simulação do Valor do Benefício de acordo com a Lei nº 9.876 de 29/11/99".
  ➡ http://www.mpas.gov.br >> Benefícios (menu à esquerda) >> Calcule sua aposentadoria – Simulação (no corpo do texto, dentro do item consultas) >> Selecione a simulação que deseja fazer.

Simulação da Contagem de Tempo de Contribuição

PIS:	
Nome:	
Sexo:	Estado:

Período	Início dd/mm/aaaa	Fim dd/mm/aaaa
1º		

☐ Licença (a descontar do período)

[Outro Período] [OK] [Sair]

☐ **Os Benefícios da Previdência Social**
  ○ O site oferece extenso conteúdo detalhando os benefícios da Previdência Social: aposentadoria por idade, aposentadoria por invalidez, aposentadoria por tempo de contribuição, aposentadoria especial, auxílio-doença, auxílio-acidente, auxílio-reclusão, pensão por morte, salário-maternidade e salário-família.
    ➡ http://www.mpas.gov.br >> Benefícios (menu à esquerda) >> Selecione o tipo de benefício (no item informações).
    ➡ http://www.mpas.gov.br >> Dúvidas Freqüentes (menu superior) >> Selecione o tipo de benefício a pesquisar.

CASO PRÁTICO

Quanto tempo falta?

Aldo é funcionário da iniciativa privada e contribui para a Previdência Social há mais de 10 anos. Para saber exatamente quanto tempo falta para ter direito ao benefício, utiliza o simulador **Simulação da Contagem de Tempo de Contribuição**:

☐ Aldo acessa o simulador e digita seus dados cadastrais: número do PIS, sexo e estado. O passo seguinte é cadastrar os seus períodos de contribuição.
☐ Cadastrados os períodos, Aldo clica em "calcular" e descobre quantos anos, meses e dias faltam para a aposentadoria.

DICA DO CONSULTOR

Quando a previdência complementar é necessária

Se você imagina que o benefício oficial, a aposentadoria do INSS, não será suficiente para sustentar o seu padrão de vida no período de aposentadoria, será necessária uma fonte complementar de renda. Essa fonte complementar pode ser os juros ganhos nos seus investimentos, os dividendos gerados pelas suas ações ou os recebimentos de um plano de previdência complementar pago ao longo da sua vida ativa. Seja qual a forma que escolher, o importante é se planejar para o momento de aposentadoria.

Site 66   UOL Economia Finanças Pessoais

http://economia.uol.com.br/financas

CATEGORIAS

Finanças pessoais, previdência, aposentadoria, investimentos, dívidas, imposto de renda, imóveis.

DESCRIÇÃO

O UOL Economia Finanças Pessoais é o canal sobre finanças do maior portal de Internet do Brasil, o Universo Online (UOL). O site é repleto de notícias sobre economia e finanças em geral, e apresenta como grande destaque a seção **O que é que eu faço, Sophia?**, da jornalista Sophia Camargo, que responde a dúvidas pontuais dos internautas sobre as mais diferentes áreas, como previdência, investimentos e imóveis.

DESTAQUES

☐ **O que é que eu faço com a minha previdência?**
   ○ A seção **O que é que eu faço, Sophia?** apresenta extenso conteúdo prático. Merecem destaque as questões relacionadas à previdência, que abordam tanto a aposentadoria pública quanto a chamada previdência complementar. São exemplos de dúvidas respondidas: "Durante 19 anos contribuí para a Previdência com o valor máximo. Virei empresário e passei a contribuir sobre o salário mínimo e fui aumentando gradativamente. Isso irá prejudicar minha aposentadoria?" ou "Vou fazer 40 anos, mas não sou registrado. Gostaria de fazer um plano de previdência. Qual seria o mais indicado para mim?".
   ➡ http://economia.uol.com.br/financas >> Finanças Pessoais (menu à esquerda) >> Previdência >> Escolha o tema a ser pesquisado. As respostas para essas questões se encontram nos temas "Tire suas dúvidas sobre aposentadoria >> Valor da contribuição" e "Tire suas dúvidas sobre previdência privada >> Procedimentos".

CASO PRÁTICO

Qual a melhor escolha?

Gustavo, 31 anos, arquiteto, planeja se aposentar aos 60 anos. Para isso, há dois anos deposita regularmente R$400 por mês em um plano de previdência complementar. Seu plano tem perfil conservador e Gustavo optou pela tabela progressiva de tributação dos planos de previdência complementar. Na dúvida se fez escolhas corretas, o arquiteto consulta um planejador financeiro (ver IBCPF, site 3) e recebe a recomendação de mudar o perfil do plano e também o tipo de tabela de tributação (veja **Dica do consultor**).

DICA DO CONSULTOR

Atente para o perfil do seu plano

Quem investe em um plano de previdência privada e planeja se aposentar em um prazo longo (por exemplo: 10 anos) deve ficar atento à tabela de tributação escolhida e também ao perfil do plano.

Para um horizonte de tempo longo, a opção pela tabela regressiva de tributação é a melhor: os ganhos, após 10 anos de aplicação, são tributados pela alíquota de 10%, alíquota inferior à dos fundos tradicionais. Com relação ao perfil do plano, é interessante mesclar renda fixa com ações, afinal, o longo horizonte de tempo permite ao investidor correr mais riscos. Assim, atente também para as opções moderadas ou agressivas dos planos de previdência.

Aposentadoria Coleção **EXPO MONEY**

Site 67   Dr. Previdência
http://www.drprevidencia.com.br

CATEGORIAS

Aposentadoria, previdência privada, previdência complementar, tabela progressiva, tabela regressiva, VGBL, PGBL.

DESCRIÇÃO

Se você não faz idéia do que seja previdência privada, este é o site para, rapidamente, conhecer o tema. Criado por planejadores financeiros CFP™, o Dr. Previdência é uma referência no assunto.

DESTAQUES

☐ **Entendendo o que é previdência privada ou previdência complementar e decidindo a melhor opção**
  ○ Textos introdutórios sobre o tema, como O que é previdência privada, com conceitos básicos. Também ajuda o leitor a decidir a melhor opção de previdência, por exemplo, por meio do texto **Produtos disponíveis no mercado** (dentro do item Pessoa Física).
    ➡ http://www.drprevidencia.com.br >> "O que é previdência privada" (menu à esquerda).
    ➡ http://www.drprevidencia.com.br >> Pessoa Física (menu à esquerda).

☐ **Entendendo o seu plano**
  ○ Um glossário com explicações sobre termos relacionados à previdência também é disponibilizado no site. Uma boa maneira para você entender todos os termos do contrato do seu plano de previdência.
    ➡ http://www.drprevidencia.com.br >> Dicionário do Dr. Previdência (menu à esquerda).

CASO PRÁTICO

PGBL ou VGBL?

Aline, 35 anos, médica, é funcionária com carteira assinada no maior hospital de sua cidade. Aline deseja fazer um plano de previdência privada e está na dúvida: melhor um PGBL ou um VGBL?

Consultando a seção **Produtos de Previdência** do site Dr. Previdência, a médica compreende todas as diferenças entre o PGBL e o

VGBL e avalia corretamente que uma opção inteligente é fazer contribuições via PGBL até o limite de isenção (12% da renda bruta anual) e o restante por meio de um VGBL.

Aline tem renda bruta anual de R$30.000, logo, deve contribuir para o PGBL até o limite de R$3.600 (12% de R$30.000), o equivalente a R$300 mensais. Como deseja contribuir com R$500 mensais, os R$200 restantes devem ser aplicados em um plano do tipo VGBL.

DICA DO CONSULTOR

Quando contribuir para a previdência da empresa é o melhor negócio

Muitas empresas disponibilizam planos de previdência aos funcionários que funcionam da seguinte maneira: até determinado limite, a cada R$1 poupado pelo funcionário, a empresa acrescenta na previdência do funcionário um múltiplo desse valor, que, normalmente, varia entre 50% e 200% da contribuição feita. Se sua empresa oferecer este benefício, aproveite! Em muitos casos, você investe R$1 e logo ganha mais R$1. Ou seja, 100% de rentabilidade.

CAPÍTULO 8

Informação

C*lippings* de notícias, jornais, revistas, rádio etc. O capítulo **Informação** traz tudo para você se manter sempre atualizado sobre o mundo das finanças.

Coleção **EXPO MONEY** SuasFinanças.com

Site 68 Clipping de Notícias – Ministério do Planejamento
http://clipping.planejamento.gov.br

CATEGORIAS

Notícias, *clippings*, artigos, comentaristas, *Valor Econômico*, *Gazeta Mercantil*, fontes de informação, conteúdo, economia, política.

DESCRIÇÃO

Ler diferentes jornais ou revistas e selecionar os artigos principais não é nada fácil. O Ministério do Planejamento, através da sua Assessoria de Comunicação Social, oferece este serviço de seleção das principais notícias do país, gratuitamente, com acesso, inclusive, ao conteúdo integral dos artigos. São pesquisados os jornais *Valor Econômico*, *Gazeta Mercantil*, *Correio Brasiliense*, *Folha de S.Paulo*, *Gazeta do Povo*, *Jornal de Brasília*, *Jornal do Brasil*, *O Estado de S.Paulo*, *O Globo* e as revistas *Época*, *IstoÉ*, *IstoÉ Dinheiro* e *Veja*.

DESTAQUES

- **Valor Econômico e Gazeta Mercantil**
   - Os jornais *Valor Econômico* e *Gazeta Mercantil* são os principais jornais brasileiros sobre economia e negócios. Aproveite para ler diariamente as principais notícias das duas publicações.
   ➡ http://clipping.planejamento.gov.br >> Valor Econômico ou Gazeta Mercantil (menu à esquerda).

- **Acessando o caderno de economia dos principais jornais**
   - É possível, também, por meio do *Clipping* do Ministério do Planejamento, ter acesso às principais notícias sobre economia publicadas pelos jornais brasileiros: *Estadão*, *Folha de S.Paulo*, *O Globo* etc.
   ➡ http://clipping.planejamento.gov.br >> Use a barra de rolagem para encontrar o destaque Economia.

- **Os melhores comentaristas em um só lugar**
   - Cada jornal normalmente tem o seu comentarista econômico. O *Clipping* publica textos de diversos comentaristas, e é uma maneira de ter acesso, por exemplo, aos comentários de Miriam Leitão, em *O Globo*.
   ➡ http://clipping.planejamento.gov.br >> Use a barra de rolagem para encontrar o destaque Colunas.

CASO PRÁTICO
Revistas semanais

Além da leitura dos jornais diários, Jaime, bancário, gosta de ficar por dentro do conteúdo das revistas semanais (revistas *Veja*, *Época* e *IstoÉ*). Até porque, segundo ele, as revistas trazem bons colunistas sobre economia e finanças. A revista *Época*, por exemplo, traz textos do professor de finanças Mauro Halfeld e também do economista Gustavo Franco, ex-presidente do Banco Central.

Algumas vezes, Jaime até tentou ler todas as revistas, no entanto, achou inviável: muito conteúdo para pouco tempo. A solução foi o *Clipping* do Ministério do Planejamento, que dá acesso às principais notícias, colunas e entrevistas das revistas semanais.

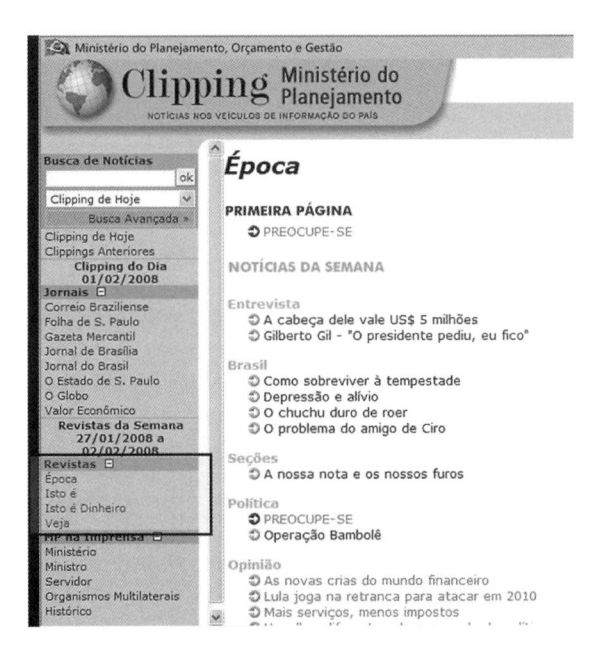

DICA DO CONSULTOR
Educação financeira todos os dias

A leitura de notícias sobre economia, política e negócios em geral é importante para o processo de tomada de decisão do investidor. Aproveite as diferentes fontes de informação citadas neste livro e invista diariamente na sua educação financeira.

Site 69   Rádio CBN

http://www.cbn.com.br

CATEGORIAS

Finanças pessoais, economia, ações, planejamento financeiro, Mauro Halfeld, Carlos Sardenberg.

DESCRIÇÃO

Site da rádio CBN. O destaque, no entanto, não são as notícias e sim os comentaristas. Pelo site, é possível ouvir, a qualquer momento, os comentários diários de especialistas em finanças pessoais e economia, como Mauro Halfeld. São comentários curtos e "direto ao ponto": uma maneira suave de você investir na sua educação financeira diariamente.

DESTAQUES

☐ **Consultoria financeira diária: comentários sobre finanças pessoais**
- O Professor Mauro Halfeld faz comentários diários com a temática das finanças pessoais: investimentos, planejamento financeiro, ações etc. Sempre com linguagem acessível. "Quem comprou imóvel residencial para investimento está em dificuldade", "Como descobrir a melhor forma para se investir e juntar dinheiro" e "Separe o dinheiro do dia-a-dia do capital de longo prazo" são exemplos de comentários feitos pelo especialista.
- http://www.cbn.com.br >> Mauro Halfeld (menu à esquerda em "comentaristas")
- Os comentários são também disponibilizados em formato *PodCast*. Para acessar, visite cbn.com.br e, no menu à direita, clique em *PodCast* (veja **Dica do consultor**).

☐ **Comentários sobre Economia**
- O jornalista Carlos Alberto Sardenberg comenta diariamente os principais acontecimentos da economia com linguagem didática. "Esta semana ilustra bem as virtudes e os defeitos da economia brasileira" e "Os motivos que devem levar à redução dos juros nos Estados Unidos" são exemplos de comentários.
- http://www.cbn.com.br >> Carlos A. Sardenberg (menu à esquerda em "comentaristas"). Os comentários são também disponibilizados em formato *PodCast*.

CASO PRÁTICO

Finanças no parque

A executiva Magda pratica corrida três vezes por semana no parque de sua cidade. Além de manter a boa forma, ela investe em sua saúde financeira. Magda faz o *download* dos comentários sobre finanças e economia da rádio CBN para seu *iPod* e os ouve enquanto treina.

DICA DO CONSULTOR

PodCast: o que é e como utilizá-lo a favor das suas finanças?

Um *PodCast* é um arquivo de áudio. O conteúdo deste arquivo pode ser reproduzido por diferentes meios: no seu próprio computador, *iPod*, *MP3 player* e até mesmo nos celulares mais modernos. Esta é a vantagem: você faz o *download* e ouve os comentários quando e quantas vezes desejar, sem necessariamente estar conectado à Internet. Use a tecnologia a favor das suas finanças.

Site 70   Invertia

http://www.invertia.com.br

CATEGORIAS

Economia, finanças, indicadores, inflação, índices de correção, câmbio, bolsa mundiais.

DESCRIÇÃO

O Invertia – ligado ao Portal Terra – é um site sobre finanças e economia. Presente em diferentes países, o ponto forte do site são os indicadores financeiros.

DESTAQUES

☐ **Índices diversos**
- Juros (nacionais e internacionais), taxas de empréstimos, taxas de inflação e correção de impostos são alguns dos índices disponibilizados pelo site.
    ➡ http://www.invertia.com.br >> Indicadores (menu superior) >> Escolha o indicador desejado.

☐ **Câmbio completo: 133 moedas**
- Cotações completas do dólar (comercial, paralelo, turismo e Ptax) e cotações das principais moedas do mundo: tudo consolidado em uma única página. A seção **Câmbio** também conta com conversor de moedas e lista de cotação de 133 moedas mundiais.
    ➡ http://www.invertia.com.br >> Câmbio (menu superior) >> Principais Moedas, Lista de Moedas, Conversor de Moedas.

☐ **Acompanhando as bolsas mundiais**
- A seção **Bolsa** consolida em uma única página o resultado da bolsa brasileira e das bolsas da América Latina, Estados Unidos, Europa e Ásia. Uma boa maneira de acompanhar o mercado.
    ➡ http://www.invertia.com.br >> Bolsas (menu à esquerda, em Mercados).

CASO PRÁTICO

Globalização

O investidor Paulo sabe que o cenário econômico mundial influencia a economia brasileira, o que se reflete no desempenho das bolsas de valores. Assim, todas as manhãs, ao checar sua carteira de investimentos, ele verifica como anda o "humor" de outros mercados mundiais; por conta do fuso-horário, quando a Bolsa de São Paulo inicia sua atividade, os mercados asiáticos, por exemplo, já estão finalizando seus pregões. O site Invertia é a fonte de informação utilizada.

Site 71   Valor Econômico

http://www.valoronline.com.br

CATEGORIAS

Jornal, jornal *Valor Econômico*, notícias, economia, finanças em geral, investimentos.

DESCRIÇÃO

O jornal *Valor Econômico* foi lançado em 2000. É fruto de uma parceria entre dois grandes grupos de comunicação: Folha de São Paulo e Organizações Globo. Na prática, se trata de uma das principais publicações sobre negócios e economia do país. Os destaques aqui, como não poderiam deixar de ser, são as notícias.

DESTAQUES

- *Newsletter*: receba grátis as principais notícias.
  - O site do jornal oferece, gratuitamente, uma *newsletter*. Trata-se de um e-mail enviado duas vezes ao dia aos cadastrados, com as principais notícias de cada editoria do jornal. Os assinantes da *newsletter* têm acesso a alguns dos textos ali divulgados. É uma boa maneira de tomar contato com os temas abordados pelo jornal.
    ➡ Para se cadastrar: http://www.valoronline.com.br >> *Newsletter* (à direita). Coloque seu nome, e-mail e pronto.
- O que os outros estão lendo?
  - Uma lista curiosa oferecida pelo site chama-se "10+Lidas". Ou seja, as 10 notícias mais lidas do dia, da semana e do mês. Você terá acesso aos títulos. De todo modo, é uma maneira simples de ficar antenado nos principais temas.
    ➡ http://www.valoronline.com.br >> 10+Lidas (menu à esquerda).

CASO PRÁTICO

As principais manchetes

Wagner não tinha tempo para ler o jornal *Valor Econômico* e, por isso, não achava justo investir em uma assinatura. Ao assinar o boletim diário (*newsletter*) do jornal, passou a receber as manchetes principais e, agora, diante de uma notícia que o interessa, compra o jornal só quando precisa ler detalhadamente sobre um assunto.

DICA DO CONSULTOR

Finanças pessoais e investimentos

Fique atento às notícias da seção **Eu & Investimentos,** do *Valor Econômico*. É ali que você encontrará notícias sobre finanças pessoais e investimentos em geral.

Site 72 Gazeta Mercantil

http://www.gazetamercantil.com.br

CATEGORIAS

Jornal, jornal *Gazeta Mercantil*, notícias, economia, finanças em geral, investimentos.

DESCRIÇÃO

A *Gazeta Mercantil* é um dos principais jornais sobre economia e negócios do país. O site foca na notícia, sendo assim mais uma fonte de informação para o investidor. Algumas notícias têm seu conteúdo integral na Internet, outras são restritas aos assinantes.

DESTAQUES

☐ *RSS* Gazeta Mercantil
- Para ficar por dentro das principais notícias da *Gazeta*, você pode cadastrar as diferentes editorias do jornal (por exemplo: 1ª página, GazetaInveste e Finanças e Mercados) em seu leitor de *RSS* e ter acesso aos títulos das notícias. Para saber o que é RSS, visite a **Dica do consultor** do site 85.
- ➡ http://www.gazetamercantil.com.br >> RSS (na parte superior).

DICA DO CONSULTOR

Escolha suas fontes de informação

Este livro indica diversas fontes de informação. A sugestão é testar ou "degustar". A cada semana, por exemplo, consulte uma fonte diferente: uma revista, um jornal, um blog. E, ao longo do tempo, selecione os sites com que você mais se identifica e que atendam aos seus principais interesses.

Site 73 TV Bloomberg

http://www.bloomberg.com/media/tv/tv_index_brazil.html

CATEGORIAS

Mercado financeiro, notícias, ações, entrevistas, empresas.

DESCRIÇÃO

O canal de TV Bloomberg é focado nas finanças. São 24h por dia de acompanhamento dos mercados mundiais.

DESTAQUES

☐ **Assista às transmissões ao vivo pela Internet**
  ○ É possível ter acesso às transmissões da Bloomberg, gratuitamente, por meio da Internet. Fique atento aos programas **Movimento financeiro**, às 7h da manhã, com as principais notícias no Brasil e no mundo; **Mercados em ação,** às 8h, com os assuntos que vão afetar os mercados brasileiro, americano e europeu; e **Mercado Agora,** às 10h, que comenta a abertura das bolsas americanas.
  ➡ http://www.bloomberg.com/media/tv/tv_index_brazil.html >> "nossas redes internacionais" (no item Assista às transmissões ao vivo).

CASO PRÁTICO

Internacional

A TV Bloomberg conta com canais em diferentes países, na América, Europa e Ásia. Por conta deste caráter internacional, trata-se de uma fonte de informação importante sobre os mercados financeiros mundiais. Aproveite.

Site 74   Revista Estadão Investimentos

http://site.estadao.com.br/investimentos/revista

CATEGORIAS

Revista, investimentos, fonte de informação, finanças pessoais.

DESCRIÇÃO

Revista sobre investimentos do Grupo Estado. Com periodicidade bimestral no início de 2008, aborda diferentes temas relacionados ao planejamento financeiro pessoal (por exemplo: seguros, previdência, imóveis etc.), sempre com a opinião de profissionais especialistas em finanças.

DESTAQUES

☐ **Um pouco de cada edição**
- Por razões óbvias, nem todo o conteúdo da revista impressa encontra-se na Internet, porém, vários artigos disponibilizados são da edição que está nas bancas e também das anteriores.
    - ➡ http://site.estadao.com.br/investimentos/revista >> Sumário (menu superior) >> Escolha a reportagem desejada; ou
    - ➡ http://site.estadao.com.br/investimentos/revista >> Edições avulsas (menu superior) >> Escolha a edição desejada (conteúdo *online* está disponível a partir da edição 12) >> Sumário (menu superior) >> Escolha a reportagem desejada.

DICA DO CONSULTOR

Publicações sobre finanças pessoais

As finanças pessoais têm se tornado um tema de grande importância para todos. Jornais e revistas abordam o tema com maior freqüência e publicações específicas são criadas. Além da revista *Estadão Investimentos*, vale mencionar a revista *Mais Dinheiro*, da *Folha de S.Paulo*, distribuída com o jornal. Para saber mais sobre a *Mais Dinheiro*, visite http://www.folha.com.br, clique em "Especial" no menu superior, selecione o ano desejado e clique em "+ Dinheiro", no item Revista da Folha.

Informação | Coleção **EXPO MONEY**

Site 75   Revista IstoÉ Dinheiro

http://www.istoedinheiro.com.br

CATEGORIAS

Revista, investimentos, fonte de informação, finanças pessoais, economia, negócios.

DESCRIÇÃO

A revista *Istoé Dinheiro*, da Editora Três, é uma publicação semanal especializada em Negócios, Economia e Finanças. Na Internet há várias reportagens, inclusive a de capa, que é publicada integralmente. Trata-se de uma fonte a mais de pesquisa sobre finanças e economia.

DESTAQUES

☐ **Seu Dinheiro**
  - Reportagens sobre finanças pessoais e investimentos encontram-se na seção **Seu Dinheiro**.
  - ➡ http://www.istoedinheiro.com.br >> Seu Dinheiro (menu à esquerda).

DICA DO CONSULTOR

Por dentro das tendências

Acompanhar sites, revistas e jornais com atualidades sobre o mercado financeiro é importante para conhecer novos produtos e também para averiguar como outros investidores estão se comportando e em que estão investindo. Por exemplo, uma reportagem de 2008 da revista *IstoÉ Dinheiro* apresentava o seguinte conteúdo: "Acionistas descobrem o Aluguel. Empréstimos de ações explodem em 2007 e viram alternativa segura para elevar a rentabilidade das carteiras de longo prazo". Se o investidor lê a reportagem e aluga suas ações, de fato, será um conhecimento que traz lucros. Para saber mais sobre o aluguel de ações, veja o site 56 da CBLC.

PARTE III
Protegendo o seu Plano

CAPÍTULO 9: Seguros

CAPÍTULO 10: Planejamento Fiscal e Sucessório

CAPÍTULO 9

Seguros

Os seguros, em suas diferentes modalidades – automóvel, residencial, vida etc. –, são importantes para proteger seu projeto financeiro de fatalidades que eventualmente possam acontecer. Este capítulo oferece ótimas referências para você aprender mais sobre o tema.

Site 76 Susep – Superintendência de Seguros Privados
http://www.susep.gov.br

CATEGORIAS

Seguros, previdência, capitalização, aposentadoria.

DESCRIÇÃO

A Susep é o órgão responsável pelo controle e fiscalização dos mercados de seguro, previdência privada aberta, capitalização e resseguro. É uma autarquia vinculada ao Ministério da Fazenda. Um dos objetivos do site da Susep é orientar o cidadão em relação à contratação de seguros, planos de previdência e capitalização.

DESTAQUES

☐ Tirando dúvidas sobre seguros: seguro de automóvel, seguro residencial, seguro DPVAT, seguros de pessoas.
  ○ A Susep disponibiliza para *download* o "Guia de Orientação e Defesa do Segurado". Trata-se de um verdadeiro livro sobre seguros, explicando como funcionam os seguros em geral e detalhando as peculiaridades e dúvidas mais freqüentes sobre cada tipo de seguro: automóvel, residencial e de pessoas (veja mais em **Caso prático**).
  ➥ http://www.susep.gov.br >> Guia de Orientação e Defesa do Segurado, 2a. Edição: Faça o *download* (à direita).

☐ Tirando dúvidas sobre previdência: previdência complementar aberta, VGBL e PGBL.
  ○ O mesmo "Guia de Orientação e Defesa do Segurado" também explica e responde a dúvidas sobre previdência (veja mais em **Caso prático**).
  ➥ http://www.susep.gov.br >> Guia de Orientação e Defesa do Segurado 2a. Edição: Faça o *download* (à direita).

CASO PRÁTICO

Patrícia deseja aprender tudo sobre seguros

Patrícia pretende renovar o seguro de seu carro e também pesquisar um seguro para a sua residência. Antes de conversar com seu corretor de seguros, Patrícia deseja aprender mais sobre o tema, sendo de grande utilidade a cartilha da Susep.

Sobre o seguro de automóvel, descobriu: "quais as modalidades possíveis para um seguro de automóvel", "quais os tipos de coberturas oferecidas", "quais são os prejuízos não indenizáveis", entre outras. Para o seguro residencial não foi diferente: "qual a cobertura principal do seguro residencial", "quais outras coberturas podem ser contratadas", "quais são os riscos cobertos e riscos excluídos", "quais são os bens não compreendidos no seguro" foram algumas descobertas.

Agora sim, Patrícia estava preparada para discutir seus seguros com o seu corretor; sabia exatamente quais coberturas desejava contratar, o que, na certa, lhe garantiria um seguro mais adequado às suas necessidades.

DICA DO CONSULTOR
Agende uma reunião com o seu corretor de seguros

Ao falar de seguros, é bem capaz que você tenha se lembrado do seguro do seu automóvel. O corretor liga, anualmente, informando que o seguro está para vencer, apresenta algumas cotações, você escolhe uma delas e pronto. A dica é: existem diversas opções de seguros que eventualmente podem ser úteis a você. Faça um exercício: agende uma reunião com o seu corretor de seguros e peça uma apresentação sobre as diferentes modalidades de seguro existentes que ele imagina serem interessantes a você. Depois, aproveite o "Guia de Orientação da Susep" para aprofundar o seu conhecimento sobre os seguros do seu interesse.

Site 77 Cultura do Seguro

http://www.culturadoseguro.org.br

CATEGORIAS

Seguros, cultura do seguro, corretor de seguros, importância dos seguros, tipos de seguros.

DESCRIÇÃO

O site culturadoseguro.org.br divulga o projeto "**Educar pra Proteger**" (sic). É um programa educacional que busca sensibilizar o jovem, dentro das escolas, sobre a importância de um planejamento pessoal e familiar, desde cedo, para a proteção da vida e do patrimônio. É uma iniciativa do mercado de seguros com o objetivo de disseminar a cultura do seguro, fornecendo informações básicas sobre o papel e os benefícios do seguro, como proteção contra os diversos riscos envolvidos no dia-a-dia. É vinculado ao Sincor-SP (Sindicato dos Corretores de Seguros de SP).

DESTAQUES

☐ **O que são e como funcionam os seguros**
- Texto completo sobre seguros. Ótima referência para aqueles que desejam conhecer o tema. Aborda os pontos: "princípios básicos do seguro; contrato de seguro; coberturas; ramos ou carteiras de seguros etc.".
  ➡ http://www.culturadoseguro.org.br >> Entrar no site (parte inferior) >> Sobre Seguros (menu à direita).

☐ **Importância do seguro**
- No site, é disponibilizada a cartilha do projeto "**Educar pra Proteger**" (sic). Trata-se de conteúdo com textos e perguntas para estimular a reflexão sobre a importância de se planejar e fazer seguros. Se você quer entender mais sobre o tema, vale a pena ler o material.
  ➡ http://www.culturadoseguro.org.br >> Entrar no site (parte inferior) >> Material Informativo (menu superior) >> Escolha a Cartilha Estudantes.

DICA DO CONSULTOR

Seguro só com corretor registrado

Para ser bem orientado na aquisição de um seguro, é fundamental que o seu corretor de seja, de fato, registrado junto aos órgãos competentes. A verificação do registro do seu corretor pode ser feita por meio da Internet junto ao site da Fenacor (Federação Nacional dos Corretores de Seguros Privados e de Resseguros, de Capitalização, de Previdência Privada, das Empresas Corretoras de Seguros e de Resseguros). Basta pesquisar por nome completo, número do CPF ou número de registro na Susep.

➡ http://www.fenacor.com.br >> Serviços (menu superior) >> Cadastro / Pesquisa >> Busque o seu corretor.

Site 78 IRB-Brasil

http://www.irb-brasilre.com.br

CATEGORIAS

Seguros, resseguro, glossário, dicionário.

DESCRIÇÃO

O Instituto de Resseguros do Brasil (IRB-Brasil Re) é a maior resseguradora da América Latina. Resseguro é o seguro do seguro. Quando uma companhia assume um contrato de seguro superior à sua capacidade financeira, ela necessita repassar esse risco, ou parte dele, a uma resseguradora. O resseguro é uma prática comum, feita em todo o mundo, como forma de dividir o risco. O destaque do site é o dicionário de seguros, muito completo.

DESTAQUES

☐ **Dicionário sobre seguros**

○ Explicação sobre os principais termos utilizados no ramo de seguros. Bastante completo. Ao digitar, por exemplo, o termo "cobertura", além da definição de "cobertura" são citadas definições relacionadas como: "cláusula de cobertura automática, cobertura de riscos de guerra, cobertura especial, cobertura provisória etc.".

➡ http://www.irb-brasilre.com.br >> Serviços *online* (menu à esquerda) >> Dicionários de seguros.

DICA DO CONSULTOR

Conhecendo mais sobre Seguros

Aqueles que desejam se aprofundar no conhecimento sobre Seguros têm no site da Fenaseg (Federação Nacional das Empresas de Seguros Privados e de Capitalização) uma boa fonte de informações. Além da seção História dos Seguros no Brasil e no Mundo, clicando em Sistema Nacional de Seguros, é possível ter acesso a uma breve descrição das entidades relacionadas aos seguros no Brasil.

➡ http://www.fenaseg.org.br >> Mercado (menu superior) >> História dos Seguros no Brasil e no Mundo ou Sistema Nacional de Seguros.

Site 79 ANS – Agência Nacional de Saúde Suplementar

http://www.ans.gov.br

CATEGORIAS

Seguros, seguro saúde, planos de saúde, coberturas, carências.

DESCRIÇÃO

A Agência Nacional de Saúde Suplementar (ANS) – vinculada ao Ministério da Saúde – promove a defesa do interesse público na assistência suplementar à saúde, regulando as atividades dos chamados planos de saúde. A orientação ao consumidor é o destaque do site.

DESTAQUES

☐ Guias sobre planos de saúde
- A ANS disponibiliza para *download* três guias oferecendo orientações ao consumidor de planos de saúde: "Guia de Reajuste de Mensalidade", "Planos de saúde – Conheça seus direitos – Carência, Urgência e Emergência, Doenças e Lesões Preexistentes" e "Planos de saúde – Conheça seus direitos – Cobertura Assistencial".
- ➡ http://www.ans.gov.br >> Biblioteca (menu à esquerda) >> Guias >> Escolha o guia desejado.

☐ Orientações em Vídeo
- Estão disponíveis no site vídeos de orientação. Merece destaque o vídeo **Conheça seus direitos** que explica qual o conteúdo disponível nos Guias citados.
- ➡ http://www.ans.gov.br >> Espaço Multimídia (menu à esquerda) >> Conheça seus direitos.

DICA DO CONSULTOR

Cobrindo os grandes riscos

Ao analisar os seguros a adquirir, pense nos grandes riscos a serem cobertos. Por exemplo, no caso de uma residência, o grande risco é o incêndio; ou no caso da saúde, o grande risco é a internação hospitalar com seus elevados custos. Assim, ao fazer um seguro, tenha cobertura, no mínimo, para os grandes riscos.

CAPÍTULO 10

Planejamento Fiscal e Sucessório

O Planejamento Fiscal e Sucessório tem ampla relação com a área de Direito, sendo fundamental para o planejamento fiscal a compreensão dos tributos existentes no país e para o planejamento sucessório, o chamado Direito Sucessório.

Site 80 Presidência da República Federativa do Brasil
http://www.presidencia.gov.br

CATEGORIAS

Legislação, leis, direito, código civil, código de defesa do consumidor.

DESCRIÇÃO

O site da Presidência da República Federativa do Brasil oferece uma excelente base de dados da legislação federal brasileira. A área de abrangência vai desde a proclamação da República, em 1889 até hoje.

DESTAQUES

☐ **Constituição, Códigos, Decretos, Leis etc.**
- O site da Presidência oferece acesso a toda a legislação federal brasileira. Há duas formas de acesso: ou por tipo da legislação como códigos, leis, medidas provisórias, decretos; ou pela ferramenta de busca.
   ➡ http://www.presidencia.gov.br >> Legislação (menu superior) >> Escolha o tipo da legislação à esquerda.
   ➡ http://www.presidencia.gov.br >> Legislação (menu superior) >> Base da Legislação Federal >> Faça a busca.

DICA DO CONSULTOR

Direto na fonte

Sempre que lhe for apresentado um argumento fundamentado numa legislação, verifique exatamente qual lei está sendo citada. Vá direto à fonte e leia a legislação. O ideal é saber o número exato da lei e o ano. O site da Presidência da República é uma excelente base de dados para você utilizar. Para facilitar a compreensão, o dicionário jurídico pode também lhe ser útil (veja DireitoNet, site 81).

Legislação Federal, Estadual ou Municipal

O site da Presidência da República oferece acesso à legislação Federal. Caso a lei seja relativa ao seu estado, o site do Governo do Estado, possivelmente, será a melhor fonte de consulta. Da mesma forma, para acessar uma lei do município, busque acesso por meio do site da Prefeitura.

Site 81   DireitoNet

http://www.direitonet.com.br

CATEGORIAS

Direito, dicionário jurídico, termos jurídicos.

DESCRIÇÃO

Fundado em 1999, o site direitonet.com.br é um portal jurídico para advogados, estudantes de Direito, profissionais da área jurídica e todos os interessados em Direito. É, hoje, um dos maiores sites jurídicos do Brasil.

DESTAQUES

☐ **Dicionário Jurídico**

○ Mais de 900 termos são definidos no Dicionário Jurídico do site direitonet.com.br.

➡ http://www.direitonet.com.br >> Dicionário Jurídico (menu à esquerda) >> Busque o termo desejado.

DICA DO CONSULTOR

Ponto inicial da pesquisa

O Dicionário Jurídico pode ser o ponto inicial da pesquisa sobre um tópico. Por exemplo, ao pesquisar por "Testamento", além da definição de "Testamento", a seguinte orientação é fornecida: "Ver art. 1.857 e seguintes, do Código Civil (Lei 10.406/2002)." O leitor pode encontrar o artigo mencionado no site da Presidência da República (site 80).

Site 82   JurisWay

http://www.jurisway.com.br

CATEGORIAS

Direito, cursos, planejamento sucessório, planejamento tributário, impostos.

DESCRIÇÃO

JurisWay é um projeto educacional coordenado pelo advogado Danilo Santana. O objetivo é conscientizar a população sobre a importância do Direito. Assim, o site divulga vasto conteúdo – cursos, textos, perguntas e respostas – sobre Direito, em linguagem acessível.

DESTAQUES

☐ **Mais de 400 Cursos gratuitos via Internet**
- Os cursos gratuitos são divididos nas diferentes áreas do Direito: Direito Civil, de Família, Penal, do Trabalho, Administrativo, Imobiliário, Previdenciário, Tributário, Sucessório, entre outras. Vale a pena consultar. Para exemplos de cursos, veja o **Caso prático**.
    ➡ http://www.jurisway.com.br >> Cursos Gratuitos *Online* (menu à esquerda) >> Escolha o curso.

☐ **Cuidados ao comprar ou alugar um imóvel**
- Há cursos sobre Direito Imobiliário e também sobre locação. Aproveite.
    ➡ http://www.jurisway.com.br >> Cursos Gratuitos *Online* (menu à esquerda) >> Escolha o curso.

☐ **Direito em quadrinhos**
- Apresenta informações sobre questões cotidianas do Direito, no formato de histórias em quadrinhos com linguagem simples e didática. São exemplos de temas: "Imposto de Renda: Saiba como calcular o Imposto de Renda e entenda como utilizar a tabela de dedução" e "ITBI e ITCD: Conheça melhor o ITBI e o ITCD, que são impostos sobre transmissão de bens".
    ➡ http://www.jurisway.com.br >> Direito em Quadrinhos (menu à esquerda) >> Escolha a história.

CASO PRÁTICO

Aprendendo sobre planejamento sucessório e fiscal

Anita, 42 anos, estilista, já elaborou várias etapas de seu projeto financeiro: tem seus objetivos traçados, poupa mensalmente a quantia prevista e também já fez boas escolhas de investimentos. Deseja agora se aprofundar nas questões do planejamento sucessório e fiscal. Pesquisando o site JurisWay, encontrou as seguintes opções de cursos:

- Direito de Família
  - "Registro de Casamento e Regime de Bens (16 páginas)"
  - "Direito dos Companheiros (54 páginas)"
- Direito Sucessório
  - "Entenda melhor o direito das sucessões (88 páginas)"
  - "Como fazer um testamento (30 páginas)"
  - "A Sucessão do Cônjuge e do Companheiro no Novo Código Civil (34 páginas)"
- Direito Tributário
  - "O que é Obrigação Tributária? (28 páginas)"
  - "A quem compete a responsabilidade tributária? (14 páginas)"

A estilista está empolgada com o estudo e tem anotado todas as dúvidas para uma consulta posterior com o seu advogado de confiança.

DICA DO CONSULTOR

Bons assessores

Ampliar o conhecimento sobre uma área do Direito é muito importante, porém não substitui a contratação de um bom advogado para orientá-lo. Por isso, além de ampliar a sua educação financeira, busque, ao longo do tempo, um bom time de assessores: advogados, contadores, planejadores financeiros etc.

Site 83 Jus Navigandi

http://www.jusnavigandi.com.br

CATEGORIAS

Direito, doutrina, peças, textos jurídicos.

DESCRIÇÃO

O Jus Navigandi é um dos maiores portais jurídicos do Brasil. Consultado por advogados e interessados na área jurídica, é uma excelente referência para pesquisar tópicos relacionados ao Direito. O site conta com as seguintes áreas: "Doutrina, Peças, Fórum, Especialistas e Página Legal".

DESTAQUES

☐ **Textos jurídicos**
- A seção **Doutrina** traz textos sobre diversas áreas: "Direito de Família, Direito das Sucessões, Direito Tributário etc." Trata-se de uma fonte a mais de consulta, para pesquisar uma dúvida jurídica.
  ➡ http://www.jusnavigandi.com.br >> Doutrina (menu superior) >> Escolha a área desejada.

☐ **Fórum**
- O fórum do site Jus Navigandi é bastante ativo. Muitos leitores escrevem suas dúvidas, criando um vasto conteúdo. Eventualmente, a sua dúvida atual já pode ter sido tema de debates no fórum. Vale a pena a pesquisa (veja o **Caso prático**).
  ➡ http://www.jusnavigandi.com.br >> Fórum (menu superior) >> Use o campo de busca (parte superior à direita) ou selecione a categoria desejada (menu à esquerda).

CASO PRÁTICO

Fórum na prática: Inventário por via administrativa (no cartório)

"Gostaria dentro do possível de saber como proceder para fazer o inventário de um único imóvel deixado pelos meus pais, já falecidos. Quero saber qual a documentação necessária e se posso fazer pelo cartório, pela nova lei. Desde já agradeço (...)."

"Se você é maior, capaz e não existir testamentos nem outros herdeiros menores ou incapazes, pode fazer por via administrativa, porém, depende de um advogado, ou seja, a lei não permite a você se dirigir ao cartório e realizar o ato (...)".

Essa conversa pode ser encontrada em: http://forum.jus.uol.com.br/discussao/57050/inventario-pelo-cartorio-requisitos-e-documentos-necessarios.

Site 84 Consultor Jurídico

http://www.conjur.com.br

CATEGORIAS

Direito, doutrina, peças, textos jurídicos.

DESCRIÇÃO

Criada em 1997, a revista eletrônica Consultor Jurídico é uma publicação independente sobre Direito e Justiça. A revista tem em seu banco de dados mais de 50 mil arquivos (notícias, reportagens, artigos, resenhas, sentenças, petições, leis e projetos).

DESTAQUES

☐ **Busca avançada**
- Utilize a ferramenta de busca avançada para pesquisar a base de dados da revista Consultor Jurídico. Tal como o site anterior (Jus Navigandi) é mais uma boa fonte de pesquisa para as suas dúvidas jurídicas.

  ➡ http://www.conjur.com.br >> Busca avançada (menu à esquerda) >> Preencha os critérios de busca.

DICA DO CONSULTOR

Wikipedia

A *Wikipedia* (http://pt.wikipedia.org) é uma enciclopédia multilíngüe on-line livre e colaborativa; ou seja, escrita internacionalmente por várias pessoas comuns de diversas regiões do mundo, todas elas voluntárias. A menção da Wikipedia pode parecer estranha em um primeiro momento, porém, trata-se de uma fonte a mais de informação para o seu processo de educação financeira. Por exemplo, ao buscar os termos "Direito Tributário" ou "Tributos", você encontrará um extenso conteúdo sobre o tema, sendo apresentadas, por exemplo, as definições dos princípios tributários brasileiros e também os tipos de tributos existentes no Brasil.

PARTE IV
Trocando Idéias

CAPÍTULO 11: **Blogs**

CAPÍTULO 12: **Fóruns de Discussão**

CAPÍTULO 11

Blogs

Conversar sobre finanças pessoais, ouvir outras opiniões e dar a sua visão sobre um assunto é uma experiência útil para o processo de educação financeira. A Internet, por meio dos blogs, fóruns e listas de discussão, permite que pessoas interessadas em um mesmo tema se reúnam com facilidade para trocar idéias. Assim, mais do que conteúdo e ferramentas, a Internet oferece também opções para você debater o que vem aprendendo sobre planejamento financeiro pessoal.

Neste capítulo, você encontra uma lista de blogs. Os blogs funcionam como um diário: através dos *posts*, o autor emite a opinião sobre um tema. Um *post* nada mais é do que um texto, uma nova entrada no diário. É possível interagir com o autor do blog, comentando um *post* (normalmente, basta clicar em "comente este *post*"). **Os Casos práticos deste capítulo apontam exemplos de *posts* dos diferentes blogs.**

Além de conhecer os sites deste capítulo, participe. Descubra o blog de sua preferência e torne-se um membro participativo.

Site 85   Dinheirama

http://dinheirama.com

CATEGORIAS

Blog, fórum, finanças pessoais, planejamento financeiro pessoal, investimentos, ações, comunidade, independência financeira, educação financeira.

DESCRIÇÃO

O Dinheirama se apresenta como um site sobre finanças pessoais e educação financeira. Criado pelo consultor financeiro Conrado Navarro, são abordados diferentes temas, do orçamento às ações. Além do conteúdo, o que mais se destaca são os leitores, bastante ativos. Por meio do fórum de discussão, ou de comentários sobre os artigos publicados, os leitores trocam idéias entre si e também com os moderadores do site. Aproveite e participe também.

DESTAQUES

- **Artigos: sempre uma novidade**
    - Os artigos (ou *posts*) publicados no site abordam temas do dia-a-dia; o foco no planejamento financeiro (orçamento, poupança, objetivos) é o destaque.

    ➡ http://dinheirama.com >> Logo na página principal, já encontrará os textos.

- **Na dúvida, pergunte! Fórum de discussão Dinheirama.**
    - Uma das riquezas da Internet é a oportunidade de trocar idéias. O site Dinheirama permite esta troca em um ambiente moderado por especialistas em finanças. Você tem uma dúvida sobre como controlar seus gastos com lazer, por exemplo? Que tal colocar a sua dúvida no fórum?

    ➡ http://dinheirama.com >> Fórum (menu superior).

- **TV Dinheirama**
    - Por meio de vídeos, o consultor criador do site busca explicar e conscientizar seus leitores sobre diferentes tópicos financeiros. Alguns exemplos de vídeos são: "Onde investir seu dinheiro?" e "5 erros básicos de orçamento e planejamento financeiro".

    ➡ http://dinheirama.com >> TV Dinheirama (menu à direita, em Seções).

CASO PRÁTICO
Seu patrimônio e a Regra do 72!

"(...) A regra do 72 é simples, fácil de usar, mas muito esquecida no cotidiano dos cidadãos comuns. Com ela, é possível detectar facilmente como anda a velocidade do nosso dinheiro, especialmente no que diz respeito ao poder de multiplicação do patrimônio ao longo dos anos. (...)

A regra do 72 permite, ainda, usando a matemática de primeiro grau, que você calcule em quanto tempo seu patrimônio dobrará. Divida 72 pela taxa de juros (rentabilidade) e *voilá*! Bingo! Ah, ela também permite o inverso: se você quer dobrar seu patrimônio em 10 anos, precisa saber qual a rentabilidade anual mínima para que isso aconteça. Divida 72 pelo número de anos desejado e você encontra a taxa. Vamos ver dois exemplos:

Exemplo 1: Fulano possui uma carteira composta de cotas em fundos de ações, renda fixa e algum dinheiro na caderneta de poupança. Sua rentabilidade média anual é de 12% e ele quer saber em quanto tempo poderá dobrar o dinheiro de seu portfolio. Fácil: 72 dividido por 12 é igual a 6. Isso significa que o patrimônio dele dobrará em 6 anos, se tudo permanecer como está agora. (...)."

O *post* completo pode ser encontrado no endereço: http://dinheirama.com/blog/2007/08/28/seu-patrimonio-e-a-regra-do-72/

DICA DO CONSULTOR
O que é RSS?

RSS (*Really Simple Syndication*) é um formato de distribuição de informações pela Internet, como notícias. Ao usar a tecnologia RSS, o internauta fica sabendo, imediatamente, quando uma informação do seu interesse é publicada, sem que tenha de navegar até o site de notícias. Para ter acesso a essa tecnologia, é necessário utilizar um leitor de *RSS*. Existem diversos leitores disponíveis gratuitamente na Internet. Um exemplo é o Google Reader (http://www.google.com.br/reader).

Site 86 Blog Raphael Cordeiro

http://www.oguardiaodoseudinheiro.com.br

CATEGORIAS

Blog, Raphael Cordeiro, ações, planejamento financeiro, planejador financeiro, imóveis, investimentos, renda fixa.

DESCRIÇÃO

Blog do planejador financeiro Raphael Cordeiro, CFP™, CNPI. *Posts* freqüentes com o olhar do planejador financeiro são o destaque. Ou seja, além de analisar investimentos em ações, imóveis ou renda fixa, Raphael, com sua experiência de planejador financeiro, sugere caminhos e soluções.

DESTAQUES

☐ **Foco na Opinião**
  ○ Fique atento aos *posts* sobre investimentos em ações, renda fixa e imóveis. O autor costuma analisar estes investimentos e inclusive publicar sua opinião, sempre com linguagem didática.
  ➡ http://www.oguardiaodoseudinheiro.com.br

CASO PRÁTICO

Onde aplicar o décimo terceiro salário

"O mercado de ações pode ter subido demais, porém, para o longo prazo será, provavelmente, a melhor opção. Devo aplicar através de Fundo, de Plano de Previdência ou Carteira Própria? Se você gosta de escolher ações e tem confiança nos papéis que escolhe, faça uma carteira própria, mas, se você pode se beneficiar tributariamente do PGBL e não tem idéia de qual ação escolher, aplique em um plano de previdência que aplique parte em ações. Atenção: cuidado com as elevadas taxas de carregamento (sobre o aporte) e de administração (sobre o saldo) (...)."

O *post* completo pode ser encontrado no endereço: http://www.oguardiaodoseudinheiro.com.br/2007/11/17/onde-aplicar-o-13o-salario/

Site 87 Blog Mara Luquet

http://maraluquet.globolog.com.br

CATEGORIAS

Mara Luquet, ações, investimentos, qualidade de vida.

DESCRIÇÃO

Blog da jornalista e colunista do jornal *Valor Econômico*, da rádio CBN e da TV Cultura Mara Luquet. Comentários atualizados sobre investimentos e finanças em geral, em linguagem bastante descontraída e didática. A possibilidade de interagir com a jornalista por meio de comentários no blog e os artigos sobre finanças, felicidade e qualidade de vida são os destaques.

DESTAQUES

☐ **Qualidade de Vida!**
  ○ O destaque do blog da Mara Luquet são os *posts* relacionados à qualidade de vida, finanças e felicidade. Veja exemplos no **Caso prático**.
    ➡ http://maraluquet.globolog.com.br.

CASO PRÁTICO

Trabalhar menos, viver mais

"(...) as pessoas que optam por trabalhar um pouco menos e viver de forma mais rica estão optando pela inteligência. A conclusão é do Professor Ladislau Dowbor, doutor em ciências econômicas pela Escola Central de Planejamento e Estatística de Varsóvia e professor titular da PUC – São Paulo (...)."

Esqueça a grama do vizinho

"(...) uma pesquisa do Professor Erzo F.P. Luttmer, da Universidade de Harvard, mostrou que ter vizinhos mais ricos está associado a uma queda de bem-estar. Há evidências estatísticas, segundo ele, de que quanto mais nossos vizinhos prosperam, menos felizes nós ficamos (...)."

Para ler os dois *posts* citados no **Caso prático**, visite o blog, no menu da direita em "Arquivo Blog", busque pela data. "Trabalhar menos, viver mais" foi publicado em 20/09/2007 e "Esqueça a grama do vizinho" em 20/05/2007.

Site 88   Blog Roberto Zentgraf

http://oglobo.globo.com/blogs/voceinveste

CATEGORIAS

Blog, ações, investimentos, produtos de investimentos.

DESCRIÇÃO

Blog sobre investimentos de Roberto Zentgraf, professor coordenador do MBA em finanças do IBMEC-RJ.

DESTAQUES

☐ **Casos práticos**
- O Professor Zentgraf responde a questões de leitores: são casos práticos sobre investimentos. Este é o destaque do blog. Alguns exemplos: "Marcelo quer saber qual o investimento a ser feito por quem possui R$1 milhão e queira ter uma renda mensal de 10 mil (...)" ou "Oscar vai viajar para o exterior (trabalho temporário) e recebeu uma quantia do pai para eventuais emergências. Como acha que elas não ocorrerão, pensa em deixar aplicado o dinheiro. Onde? (...)."
  ➡ http://oglobo.globo.com/blogs/voceinveste

CASO PRÁTICO

Respostas – Imóveis e Financiamentos Imobiliários

"Leandro (29/11) recebeu de herança um apartamento e uma chácara. O apto está alugado, rendendo 0,5% a.m. (ao mês) aproximadamente, enquanto a chácara, desalugada, traz despesas eventuais. Pensa em vender os imóveis e aplicar 30% em fundos imobiliários que rendem entre 0,7% e 1,5% a.m., e o restante em fundos de ações (70% restantes). Quer saber minha opinião já que é herdeiro de apenas 50%, os outros 50% são de sua mãe."

"Prezado Leandro, alguns pontos a considerar: (1) Você com 26 e sua mãe com 47, têm perfis de risco totalmente distintos. Se tudo der errado, você ainda tem toda a vida profissional pela frente, ou, pelo menos, 21 anos a mais que ela. Achar que ela vai topar o risco que você está querendo, é irreal; (2) Na minha opinião, vender a chácara, parece-me ser a decisão correta, já que causa despesas e é mais difícil em uma revenda; (3) Comparar os 0,5% de rentabilidade com os 0,7% ou

1,5% do Fundo Imobiliário é incompleto, pois o imóvel pode se valorizar, o que aumentaria sua rentabilidade; (4) Eu, particularmente, acho a idéia de fundo imobiliário bastante atraente, pois permite que você diversifique neste mercado; entretanto, tome cuidado com a questão da liquidez (...)."

Para ter acesso ao *post* completo, busque por "Imóveis e Financiamentos Imobiliários" no campo de busca do blog.

Site 89   Terremoto

http://www.terremoto.com.br

CATEGORIAS

Livros, resenhas, comentários, livros sobre educação financeira, investimentos, ações, independência financeira.

DESCRIÇÃO

Quer uma sugestão de leitura sobre investimentos ou educação financeira? O site Terremoto faz exclusivamente isso: opina sobre dezenas de livros que envolvem a temática da independência financeira. Quem opina é Gabriel Torres, empreendedor, jornalista e criador do site. A boa seleção de livros (inclusive com títulos estrangeiros) e o caráter crítico dos comentários são os pontos fortes.

DESTAQUES

☐ **Livros, livros e livros: conhecendo uma biblioteca e tanto sobre independência financeira**

　○ Se você tem a curiosidade de saber quais livros fazem parte de uma boa biblioteca sobre independência financeira, o Terremoto cumpre este papel. Aproveite a oportunidade e conheça dezenas de bons livros.

　➡ http://www.terremoto.com.br >> Mostrar todos (na parte inferior da página).

CASO PRÁTICO

Como se transformar em um operador e investidor de sucesso, de Alexander Elder

"Este livro é a tradução do clássico *Trade for a Living*, um dos melhores livros para se aprender sobre a análise técnica de ações. O autor, um psiquiatra russo radicado nos EUA, usa o seu conhecimento em psicologia de massa para explicar o comportamento do mercado e o que realmente está por trás da análise gráfica.

Se você quer aprender a investir em ações, comece com este livro. (...) Mesmo quem já opera há anos aprenderá muito com a leitura. Eu mesmo li, reli e releio sempre que possível, pois como o próprio autor coloca, há muita coisa básica que é negligenciada. (...)."

Você encontra o *post* completo no endereço: http://www.terremoto.com.br/index.php?id=74.

DICA DO CONSULTOR

Educação financeira: investimento ou gasto?

Com certeza, você já ouviu "este curso ou este livro é um investimento que você estará fazendo e não um gasto". Quando falamos de finanças pessoais, então, este tipo de publicidade é ainda mais freqüente. Vale a pergunta: um livro ou um curso sobre finanças pessoais é um investimento ou um gasto?

Depende. Se o curso lhe foi muito útil e você utilizar as dicas ali ensinadas no seu dia-a-dia, melhorar seu bem-estar, controlar seu orçamento doméstico ou passar a investir o seu dinheiro, obtendo melhores rendimentos, sem dúvida, foi um investimento. Ou seja, o curso trouxe bons frutos para você.

Antes de investir, pesquise. Leia o Terremoto, pergunte em fóruns de discussão e avalie se aquela leitura ou aquele curso é o que você precisa naquele momento.

Site 90   Blog Iniciante na Bolsa

http://iniciantenabolsa.com

CATEGORIAS

Blog, ações, investimentos, iniciantes, bolsa de valores, bovespa, como investir, dicas, links.

DESCRIÇÃO

"Meus primeiros passos para ganhar dinheiro no mercado de ações" é o subtítulo do blog Iniciante na Bolsa. Com conteúdo de qualidade para o público iniciante, o blog cumpre muito bem o papel daquele amigo que resolve investir na bolsa e vai lhe contar toda a experiência. Alessandro Martins, criador do blog, iniciou suas aplicações na Bovespa com menos de R$1.000 (um mil reais).

DESTAQUES

☐ **Como começar a investir na Bolsa de Valores: resposta para as principais dúvidas**
- Se o nome do blog é iniciante na bolsa, um dos destaques é o "como começar". Nesta seção, o autor separou alguns artigos básicos que respondem às principais dúvidas dos iniciantes, como: "5 passos simples para começar a investir na Bolsa de Valores", "Como escolher uma corretora para investir na Bolsa de Valores", "De quanto dinheiro preciso para investir na Bolsa de Valores", "Que dinheiro investir na bolsa: como evitar o comprometimento emocional" e "As 5 mentiras que me impediam de investir na Bolsa de Valores".
  ➡ http://iniciantenabolsa.com >> Como começar a investir na bolsa de valores (página principal, dentro da categoria Destaque).

☐ **Aprendendo com a experiência dos outros.**
- Conhecer a experiência de um investidor iniciante e tirar suas dúvidas é uma maneira rica de se preparar para a sua própria jornada na bolsa. Uma das categorias do blog se chama "O que ando fazendo na Bolsa de Valores". É lá que você conhecerá os primeiros resultados do autor do blog.
  ➡ http://iniciantenabolsa.com >> O que ando fazendo na bolsa (menu à direita).

CASO PRÁTICO
A escolha de uma corretora

"Existem muitos critérios a serem levados em conta na hora de escolher a corretora para investir na bolsa de valores.

Eis alguns fatores que podem ajudar você:

- Prefira corretoras que ofereçam um bom sistema de *home broker*;
- Saiba a diferença entre a corretagem fixa e a variável, as vantagens e desvantagens de cada uma (...);
- Se você não pretende usar o *home broker* ainda, saiba se há um limite mínimo do valor de ordem para ser executado por telefone. Muitas corretoras adotam essa medida para evitar sobrecarga da mesa de operações (...);
- Taxa de custódia: nem toda corretora cobra e a variação de preço pode ir até R$30 mensais. A execução de muitas ordens mensais – e, portanto, pagamento de corretagem – pode gerar isenção da custódia para o cliente (...)."

O endereço do *post* completo é http://iniciantenabolsa.com/2008/01/21/corretora-bolsa-de-valores.

DICA DO CONSULTOR
O que é home broker?

Home broker é o instrumento que permite a negociação de ações via Internet. Permite o envio de ordens de compra e de venda de ações através do site de sua corretora. O *home broker* torna mais ágil e simples a atividade de compra e venda de ações.

Site 91 Blog CHR Investor

http://www.chrinvestor.com

CATEGORIAS

Investidor individual, opinião, investimentos, ações, análise técnica.

DESCRIÇÃO

Site do investidor individual Christian Cayre. São relatadas as experiências na Bolsa de Valores, com ênfase na chamada análise técnica.

DESTAQUES

- **Análise da semana em vídeo.**
  - Todo início de semana, o chrinvestor.com disponibiliza em vídeo uma análise do gráfico da semana. Assistir ao vídeo e trocar idéias e comentários no blog é uma excelente forma de aprender sobre análise técnica.
    - ➡ http://www.chrinvestor.com >> Análises (à esquerda, na seção categorias).

CASO PRÁTICO

A volatilidade e o Ibovespa

"Em qualquer veículo da mídia especializada que pesquisemos, é praticamente unânime a indecisão sobre o rumo no curto/médio prazo do mercado acionário brasileiro. Em uma coisa, porém, parece haver um consenso: as bolsas mundiais vivem um momento de forte volatilidade. (...)

Trazendo a questão para o momento atual, podemos afirmar que boa parte da queda que o mercado de ações brasileiro sofreu deu-se pela 'venda forçada' de posições pelos investidores estrangeiros (o fluxo da Bovespa comprova isso). A grande maioria dos gestores 'foi forçada' a vender ações em países emergentes em razão do aumento da volatilidade nos preços das ações. Vale lembrar, que estes gestores internacionais, muitas vezes, são obrigados (em contrato) a desmontarem posições visando ficar menos expostos à volatilidade, que em geral é medida tecnicamente através do VaR (*Value at Risk*). (...)

E o que isso pode acrescentar à nossa estratégia? Acredito que essa saída forçada pode ter provocado exageros em alguns papéis, principalmente aqueles com menor liquidez. Portanto, talvez seja oportuno observar mais de perto aqueles ativos que continuam com fundamentos sólidos e que possam estar encontrando pontos gráficos de suporte consistentes. (...)."

Você encontra o *post* completo em: http://chrinvestor.com/2008/01/30/a-volatilidade-e-o-ibovespa/

Site 92   Blog Dr. Fox

http://drfox-investor.blogspot.com

CATEGORIAS

Análise técnica, análise grafista, operador, trader, blog, experiência, investidor individual, ações, investimentos.

DESCRIÇÃO

Blog do investidor individual William de Oliveira, o "Dr. Fox". Traz o dia-a-dia de Fox no mercado. São postados os comentários do dia e visões do investidor sobre a atividade de investir em ações.

DESTAQUES

☐ **Foco nos gráficos.**

○ O blog é rico nas chamadas análises grafistas. Se esta é a sua praia, na certa, é uma boa alternativa para trocar idéias.

➡ http://drfox-investor.blogspot.com >> No menu Marcadores à direita, há uma classificação das análises por ativos.

CASO PRÁTICO

Sideline Cash. Afinal, o que é isso?

"O mercado 'despencando', muita gente nervosa, para não dizer desesperada.

(...) o bom, velho e tradicional investidor (em minha opinião aqueles realmente espertos), pessoas ou instituições que nunca trabalham 100% investidos e que sempre mantém uma parte do seu capital de investimento livre para aproveitar as raras oportunidades de compra de bons ativos a preço de banana.

Esse dinheiro que é mantido livre, e que gira entre 15% e 20% do capital disponível, é chamado de *'Sideline Cash'*, ou dinheiro de trincheiras.

Ele fica ali, de butuca, só esperando uma queda como essa que estamos assistindo. (...) Esses investidores, ao contrário da maioria, não estão desesperados nem nervosos, ao contrário, estão felizes, pois podem agora comprar bem barato, ativos que muitas vezes já possuem na carteira. São adições extremamente saudáveis ao retorno total. (...)."

Você encontra o *post* completo em: http://drfox-investor.blogspot.com/2007/07/sideline-cash-afinal-o-que-isso.html

Site 93 Blog Stock Buster

http://stock-buster.blogspot.com

CATEGORIAS

Blog, investimentos, investidor individual, ações, análises, comentários sobre o mercado.

DESCRIÇÃO

Stock Buster é um blog que também relata a experiência de um investidor individual (Carlos Rubinstein) na bolsa.

DESTAQUES

☐ **É o texto!**
  ○ O blog Stock Bluster tem como um dos destaques os textos, escritos com leveza e criatividade. Para apresentar suas visões sobre o mercado, por exemplo, o autor criou um suposto "Guia de Autodefesa do Investidor das Galáxias".
  ➡ http://stock-buster.blogspot.com

☐ **Plantação**
  ○ O autor chama a sua carteira de investimentos de plantação. Outra boa seção de *posts* do site são aquelas com as análises das empresas que estão na carteira Stock Buster. Conta, inclusive, com entrevistas com o RI (Relações com o Investidor) de empresas na carteira do investidor.
  ➡ http://stock-buster.blogspot.com

CASO PRÁTICO

A Plantação

"Pode ter passado despercebido. Mas alterei o nome do portfolio de Stock Buster publicado neste blog para 'A Plantação'. Caso seja a primeira vez que você visita este blog, é importante saber que o portfolio publicado é real. Os rendimentos são reais, e as movimentações realizadas nele são tão reais como os movimentos do planeta Terra ao redor do Sol. (...)

Chamei o portfolio de 'A Plantação' porque desejo transmitir a idéia de longo prazo. De semear, gerenciar e cuidar, para depois colher. Para que se perceba que todo investimento está sujeito a vicissitudes que podem alterar o rumo do planejado, e que estes acontecimentos não planejados podem acontecer quanto menos se espera. (...)."

Você encontra o *post* completo em http://stock-buster.blogspot.com/2007/04/plantao.html.

Site 94 Amigo Rico

http://www.amigorico.org

CATEGORIAS

Independência financeira, investimentos, livro *Pai rico, pai pobre*, renda passiva, dicas, artigos, finanças pessoais, blog, educação financeira.

DESCRIÇÃO

O Amigo Rico é o site do autor deste livro. O site iniciou em 2002, como uma fonte de divulgação das idéias do livro *Pai rico, pai pobre*. Com o tempo, foi amadurecendo, agregando idéias de outros autores e hoje, tem como um dos destaques, o blog do Amigorico, que aborda o tema finanças pessoais.

DESTAQUES

☐ **Artigos para auxiliá-lo na conquista da independência financeira**
- A *newsletter* ou boletim mensal do Amigo Rico é o grande destaque do site. Conta com milhares de associados, que recebem mensalmente artigos, dicas de links e sites sempre relacionados ao tema da independência financeira e finanças.

  ➡ http://www.amigorico.org >> Passo (2) (menu superior) >> Faça o cadastro.

☐ **Blog do Amigo Rico**
- O blog do AmigoRico é o local onde os artigos e dicas da *newsletter* são previamente publicados. Por meio dos comentários, é possível trocar idéias e debater os assuntos.

  ➡ http://www.amigorico.org >> Blog (menu superior)

☐ **Tornando-se um investidor de Longo Prazo**
- Conjunto de 5 artigos escritos pelo Diretor de Investimentos da gestora Orbe Investimentos, Fábio Carvalho. O objetivo dos textos é transmitir a forma de pensar dos investidores de longo prazo, como Warren Buffett. São textos muito interessantes, principalmente para aqueles que queiram se aprofundar na chamada análise fundamentalista.

  ➡ http://www.amigorico.org >> Mini Cursos (menu superior) >> Tornando-se um investidor de Longo Prazo >> Cadastre-se.

CASO PRÁTICO
A Regra Número Um

"(...) naquele momento eu decidi: meu próximo texto será sobre a regra número um do Pai Rico: a diferença entre um ativo e um passivo. Robert Kiyosaki, autor do livro *Pai rico, pai pobre*, afirma que, se você deseja ser rico, tem que conhecer a diferença entre um ativo e um passivo e comprar ativos. É a regra número um e é também extremamente simples: ativo é algo que põe dinheiro no seu bolso e passivo, algo que tira dinheiro do bolso. O que define um ativo e um passivo não são as palavras, são os números. (...)."

Endereço do *post*: http://amigorico.org/blog/2006/07/31/a-regra-numero-um

Site 95   Efetividade

http://www.efetividade.net

CATEGORIAS

Organização pessoal, gerenciamento do tempo, planejamento pessoal, tempo, agenda, gestão do tempo, produtividade.

DESCRIÇÃO

Produtividade pessoal é o tema do blog Efetividade. Criado por Augusto Campos, os *posts* concentram-se na busca de métodos, técnicas e ferramentas para ajudar os leitores a tornarem-se mais produtivos.

DESTAQUES

- **Método GTD (*Getting Things Done*): Faça acontecer**
    - O método de organização GTD, criado por David Allen, é baseado em idéias simples e fáceis de implementar: não dependem de nenhuma técnica complexa, nem de suporte tecnológico avançado. O método GTD vem ganhando adeptos no mundo todo. O blog Efetividade é um ótimo local para conhecer mais sobre o GTD e também trocar idéias com outros internautas que estão em busca de melhorar sua produtividade pessoal.
    ➡ http://www.efetividade.net >> GTD (menu à direita, em Categorias)

CASO PRÁTICO

Organização

"Para fechar a semana da produtividade pessoal, aqui, no Efetividade.net, um chamado à razão: se você não se organizar, jamais será tão produtivo quanto pode ser.

Cada um sabe onde o sapato lhe aperta, mas estes artigos anteriores podem ser bons primeiros passos para repensar a sua organização:

- Organização: Que tal reduzir o volume e a complexidade antes de começar? (...);
- Sempre atrasado? Aprenda como fazer o relógio trabalhar a seu favor. Estar atrasado uma vez ou outra é algo que acontece a quase todos nós, mas algumas pessoas transformam o atraso

em uma característica – e em uma razão pela qual seus colegas e parceiros não querem depender deles nem atuar em conjunto. Não seja uma delas (...)."

O *post* completo pode ser encontrado no endereço: http://www.efetividade.net/2007/11/23/organize-se.

CAPÍTULO 12

Fóruns de Discussão

Um Fórum de Discussão na Internet funciona como uma "praça", em que internautas se encontram para conversar e trocar idéias sobre um assunto: alguns colocam questões para debate e outros respondem. **Os Casos práticos deste capítulo apontam exemplos de discussões nos diferentes fóruns.**

Fóruns de Discussão | Coleção **EXPO MONEY**

Site 96 Clube do Pai Rico

http://www.clubedopairico.com.br

CATEGORIAS

Livro *Pai rico, pai pobre*, finanças pessoais, independência financeira.

DESCRIÇÃO

Criado por Carlos Augusto Lippel, admirador da coleção de livros *Pai rico, pai pobre*, o destaque do site é o fórum de discussão, onde são debatidos temas relativos a finanças pessoais.

DESTAQUES

☐ **Fórum para iniciantes**
- O fórum de discussão do clubedopairico.com.br é um bom local para iniciantes trocarem idéias e acertarem os primeiros passos rumo à independência financeira. Não apenas focado em ações, o fórum apresenta outros tópicos como "Educação Financeira/Economia Doméstica, Imóveis, Empreendedorismo, Tesouro Direto etc".
  ➡ http://www.clubedopairico.com.br >> Comunidade (menu superior) >> Fórum.

CASO PRÁTICO

Começando a vida, em que investir? Pouco dinheiro!

"Começarei a trabalhar (passei em um concurso) e tenho algumas dúvidas. Ganharei pouco dinheiro (cerca de R$470), mas a vida será em internato, diminuindo os custos (não gastarei com alimentação, moradia, segurança, plano de saúde, seguro de vida). Eu tenho pouco conhecimento sobre aplicações e, por isso, queria ajuda de vocês.

- ☐ Tenho cerca de R$500 para começar o investimento;
- ☐ Investirei entre R$150 e R$200 por mês;
- ☐ Não quero correr o risco de perder tudo, mas não desejo ganhar pouquíssimo;
- ☐ Tenho como uma das metas fazer uma viagem no final do ano dentro do Brasil (algo em torno de R$2.000).

Qual o plano mais indicado? Eu já li algo sobre poupança e fiquei triste, pois paga-se muito pouco. Ações eu tenho medo de operar sozinho e não farei, pois nada entendo. O que seria melhor para mim?"

Discussão completa no endereço: http://www.clubedopairico.com.br/forum/viewtopic.php?t=4904.

DICA DO CONSULTOR
Reserva de emergência

Além de ler as respostas dos leitores, não deixe de ler a **Dica do consultor** do site Como Investir, site 44.

Site 97   Projeção

http://www.projecao.com

CATEGORIAS

Investimentos, ações, opções, análise técnica, análise fundamentalista, matemática financeira.

DESCRIÇÃO

O Projeção se apresenta como o maior fórum de discussões sobre mercado financeiro da América Latina e, de fato, é um dos fóruns mais conhecidos. O site é mantido pela Projeção Consultoria Financeira.

DESTAQUES

☐ **Fórum Projeção.com**
- Um dos maiores fóruns para debate sobre ações.
- ➡ http://www.projecao.com >> Fórum (menu à esquerda).

☐ **Aprenda a usar uma calculadora financeira**
- O projeção.com disponibiliza um curso sobre matemática financeira onde são apresentados conceitos de juros simples, juros compostos, taxa interna de retorno, entre outros. E o melhor: é ensinado como utilizar, na prática, estes conceitos, por meio de uma calculadora financeira.
- ➡ http://www.projecao.com >> Cursos Gratuitos (menu à esquerda) >> Matemática Financeira (menu superior).

CASO PRÁTICO

Opinião

"Será que o Professor Ricardo (Ricardo Borges é o coordenador do fórum Projeção) ainda está esperando o mês de agosto para comprar? Ainda devemos continuar vendidos em bolsa, mestre?"

"Ainda estou receoso com esta alta. Não estou muito animado com ela. Com certeza, os fundamentos são melhores do que os que estavam há algum tempo (...). Mesmo assim ainda estou 'baixista', pois virão muitos números ruins (...)."

Para encontrar a discussão completa, busque pela mensagem nº 624347.

DICA DO CONSULTOR
Cálculos financeiros sem a calculadora

Caso você não tenha uma calculadora financeira, existem algumas opções. Você pode realizar os cálculos por meio de uma planilha eletrônica (veja *Home Page do Office Online*, site 18); ou então, adquirir um software que reproduza as funções de uma calculadora financeira. Experimente digitar no seu mecanismo de busca favorito (por exemplo: google.com) os termos "simulador calculadora financeira" e analise os resultados.

Site 98 Fórum Investidor Agressivo

http://www.investidoragressivo.com.br

CATEGORIAS

Investimentos, ações, fórum de discussão, análise técnica, análise fundamentalista, gráficos.

DESCRIÇÃO

Organizado pelo engenheiro Allan Arantes, o Fórum Investidor Agressivo conta com milhares de membros e tem como foco das discussões o mercado acionário.

DESTAQUES

- Mapa do Investidor Agressivo
  - A seção **Mapa do Investidor Agressivo** organiza por tópicos as melhores discussões do fórum. São exemplos: "Estratégias e Métodos de Investimento", "Artigos Agressivos" e "Filosofia do Investimento".
  ➡ http://www.investidoragressivo.com.br >> Mapa do Investidor Agressivo (menu superior) >> Escolha um tópico.

CASO PRÁTICO

Bolsa em tempo integral?

"Gostaria de abrir este tópico para compartilharmos o nosso dia-a-dia de Bolsa (de Valores). Ou seja, para aqueles que atuam em tempo integral na bolsa, como é a rotina? Vale a pena ou é melhor ter a bolsa como um '*plus*', algo paralelo ao trabalho?"

"(...) Vale frisar que é muito arriscado deixar o emprego para viver de mercado quando não se conhece a coisa. Ter a bolsa como um '*plus*', com uma abordagem passiva, é a melhor opção para a maioria."

Discussão completa no endereço: http://www.investidoragressivo.com.br/viewtopic.php?t=1236.

DICA DO CONSULTOR

Precauções ao participar de um Fórum de Discussão

Utilize os Fóruns de Discussão como uma ferramenta a mais para o seu aprendizado e nunca como a única fonte de informação. Participe de tópicos com caráter educativo, que abordem conceitos, filosofias de investimento e estudo do mercado. Evite tópicos sobre investimentos de curto prazo.

Site 99   Fórum Web Ação

http://www.webacao.com.br

CATEGORIAS

Investimentos, ações, fórum de discussão, análise técnica, análise fundamentalista, gráficos.

DESCRIÇÃO

Web Ação é um fórum de discussão com centenas de usuários cadastrados e milhares de mensagens já trocadas. O foco deste fórum é o investimento em ações.

DESTAQUES

☐ **Análises Gráfica e Fundamentalista**
- A grande riqueza do fórum é trocar idéias e ter uma segunda opinião. Neste sentido, o Web Ação tem trocas de informação de ótimo nível nas categorias Análises Gráficas e Análises Fundamentalistas.
  ➡ http://www.webacao.com.br >> Análises Gráficas ou Análises Fundamentalistas.

CASO PRÁTICO

Debate sobre fundos de investimento

"– Vocês conhecem algum fundo de ações que utilize análise técnica?

– Eu não conheço. Mas por que está fazendo essa pergunta?

– (...) pensei que seria uma opção investir em um fundo que utiliza análise técnica, imaginando que o retorno possa ser um pouco maior.

– (...) porque vai deixar seu dinheiro na mão de um administrador de fundo que vai acabar perdendo parte do seu dinheiro. Essa é a verdade... Quando o mercado está em baixa, quase todo mundo perde o dinheiro. Não vai ser diferente com o fundo que você achar. Será que o que vai pagar de taxa de administração e performance vale a pena? (...).

– Não concordo quando você diz que o gestor do fundo vai perder seu dinheiro. Aliás, eu acho que, com o mercado volátil que estamos vivendo, vale a pena, sim, procurar um bom gestor para cuidar do dinheiro. Não precisa ser um fundo de ação. (...)."

Discussão completa em http://www.webacao.com.br/forum/viewtopic.php?t=2276.

Site 100 Fórum BRSM

http://www.realtrader.com.br

CATEGORIAS

Investimentos, ações, fóruns.

DESCRIÇÃO

O site Realtrader hospeda um dos mais populares fóruns sobre o mercado acionário brasileiro. Trata-se do BRSM, uma abreviação de *Brazilian Stock Market*.

DESTAQUES

- Ações, ações e ações: papo de operador.
  - Fórum para quem opera na bolsa. O predomínio é para a análise gráfica.
  - ➡ realtrader.com.br >> Comunidade >> Fórum BRSM (menu à esquerda).

CASO PRÁTICO

Modos de operar

"– Quanto tempo você fica com esses ativos na carteira só para receber os dividendos?

– Eu fico zero. Eu compro uma empresa quando ela está barata e vendo quando está cara. O *dividend yield* é um excelente indicador que uma empresa está barata, principalmente, quando a empresa paga o mínimo de dividendos (*payout*=25%). Uma das maiores investidoras americanas de todos os tempos, Geraldine Weiss, emprega esta ferramenta para comprar e vender ações (...).

– Qual o seu posicionamento ao ver uma ação ir de 75 para 90, de 90 para 67, de 67 para 82 e depois recuar a 72 novamente?

– (...) acho uma besteira se preocupar com a volatilidade se você sabe o que tem nas mãos. Comprei Banese a 150. Ela foi a 100, segurei firme, para vendê-la, mais tarde, a 700 (...)."

Para ter acesso à discussão completa, busque por um trecho do texto anterior (por exemplo: "eu fico zero") no campo de pesquisa do fórum.

DICA DO CONSULTOR

Filtro pelo autor

Os fóruns de discussão costumam criar muitas mensagens sobre diversos assuntos. Uma boa maneira de encontrar as discussões do seu interesse é prestar atenção nos autores das mensagens. Depois de algum tempo, na certa, você saberá quais membros do fórum costumam escrever sobre temas importantes para o seu dia-a-dia como investidor.

O site número 101

Site 101   Livro SuasFinanças.com

http://www.suasfinanças.com

CATEGORIAS

Livro *SuasFinanças.com*

DESCRIÇÃO

Alguns sites eventualmente tendem a se reformular e mudar, por exemplo, o endereço do conteúdo indicado. Para solucionar essa questão, o site do livro *SuasFinanças.com* apontará as modificações pontuais que venham a ocorrer.

Conheça também os outros livros da Coleção

• Este livro proporciona ao leitor uma viagem no tempo e a descoberta das mudanças estruturais do país pela compreensão de conceitos básicos de economia e finanças, contextualizados na realidade da economia brasileira e mundial.

Brasil: 100 comentários
ISBN: 978-85-352-2798-7
Páginas: 264

Nesta obra, Regina e Marco compartilham a experiência deles com você. A história relatada aqui poderá ajudá-lo a iniciar, reforçar e/ou construir sua trajetória para o sucesso em finanças.

Como chegar ao seu primeiro milhão
ISBN: 978-85-352-2970-7
Páginas: 192

• Este livro apresenta uma visão clara e objetiva sobre Finanças, em especial sobre Investimentos.

500 perguntas (e respostas) básicas de finanças
ISBN: 978-85-352-2766-6
Páginas: 208

• Livro dinâmico e ao mesmo tempo sensível sobre investimentos em ações ou clubes de investimento que educa as mulheres financeiramente.

A Bolsa para Mulheres
ISBN: 978-85-352-2766-6
Páginas: 208

• Este livro apresenta uma visão clara e objetiva sobre Finanças, em especial sobre Investimentos.

500 perguntas (e respostas) básicas de finanças
ISBN: 978-85-352-2766-6
Páginas: 208

• Este livro apresenta o passo a passo do processo de educar as crianças para lidar com dinheiro de forma ética e responsável, abrangendo quatro grandes áreas: como ensinar a ganhar; poupar; gastar e doar.

Educação financeira
ISBN: 978-85-352-2421-4
Páginas: 160

• Este livro convida o leitor a participar de uma experiência muito especial: um giro pelo mundo das Finanças e da Economia. Com ele você vai aprender a transformar seu salário em uma quantia que possiblite sua independência financeira.

Como esticar seu dinheiro
ISBN: 978-85-352-2767-3
Páginas: 118

• Neste livro, você entenderá, de uma maneira surpreendentemente simples, como as saúdes do bolso e do corpo possuem semelhanças incríveis. E descobrirá como é possível conseguir o equilíbrio entre elas.

Dieta do bolso
ISBN: 978-85-352-2789-5
Páginas: 250

• Neste livro, o leitor poderá acompanhar a história de dois amigos "o Sovina e o Perdulário" que possuem e buscam a ajuda de um professor para melhorar suas finanças pessoais.

O sovina e o perdulário
ISBN: 978-85-352-2765-9
Páginas: 144

• Neste livro, o leitor descobrirá que, em 6 passos de simples execução, é possível organizar sua finança e aprenderá que guardar dinheiro, controlar os gastos e investir pode ser mais simples do que se imagina.

A árvore do dinheiro
ISBN: 978-85-352-2420-7
Páginas: 194

• Este livro ensina como entrar no mercado, montar uma boa carteira de ações e remunerá-la com opções e, acima de tudo, como você pode se proteger gerenciando seu capital adequadamente e controlando o seu risco.

Investindo em opções
ISBN: 978-85-352-2653-9
Páginas: 220

• Este livro, baseado nos ensinamentos da economia e da psicanálise, aborda a questão do dinheiro e da falta dele, originada, principalmente, do consumo excessivo.

As armadilhas do consumo
ISBN: 978-85-352-2422-1
Páginas: 144

Sistema CTcP,
impressão e acabamento
executados no parque gráfico da
Editora Santuário
www.editorasantuario.com.br - Aparecida-SP

Cartão Resposta

0501200048-7/2003-DR/RJ
Elsevier Editora Ltda

...CORREIOS...

ELSEVIER

SAC | 0800 026 53 40
ELSEVIER | sac@elsevier.com.br

CARTÃO RESPOSTA

Não é necessário selar

O SELO SERÁ PAGO POR
Elsevier Editora Ltda

20299-999 - Rio de Janeiro - RJ

Acreditamos que sua resposta nos ajuda a aperfeiçoar continuamente nosso trabalho para atendê-lo(la) melhor e aos outros leitores.
Por favor, preencha o formulário abaixo e envie pelos correios.
Agradecemos sua colaboração.

Seu Nome: _____

Sexo: ☐ Feminino ☐ Masculino   CPF: _____

Endereço: _____

E-mail: _____

Curso ou Profissão: _____

Ano/Período em que estuda: _____

Livro adquirido e autor: _____

Como ficou conhecendo este livro?
☐ Mala direta   ☐ E-mail da Elsevier
☐ Recomendação de amigo   ☐ Anúncio (onde?) _____
☐ Recomendação de seu professor?
☐ Site (qual?) _____   ☐ Resenha jornal ou revista
☐ Evento (qual?) _____   ☐ Outro (qual?) _____

Onde costuma comprar livros?
☐ Internet (qual site?) _____
☐ Livrarias ☐ Feiras e eventos ☐ Mala direta

☐ Quero receber informações e ofertas especiais sobre livros da Elsevier e Parceiros

Qual(is) o(s) conteúdo(s) de seu interesse?

Jurídico - ☐ Livros Profissionais ☐ Livros Universitários ☐ OAB ☐ Teoria Geral e Filosofia do Direito

Educação & Referência - ☐ Comportamento ☐ Desenvolvimento Sustentável ☐ Dicionários e Enciclopédias ☐ Divulgação Científica ☐ Educação Familiar ☐ Finanças Pessoais ☐ Idiomas ☐ Interesse Geral ☐ Motivação ☐ Qualidade de Vida ☐ Sociedade e Política

Negócios - ☐ Administração/Gestão Empresarial ☐ Biografias ☐ Carreira e Liderança Empresariais ☐ E-Business ☐ Estratégia ☐ Light Business ☐ Marketing/Vendas ☐ RH/Gestão de Pessoas ☐ Tecnologia

Concursos - ☐ Administração Pública e Orçamento ☐ Ciências ☐ Contabilidade ☐ Dicas e Técnicas de Estudo ☐ Informática ☐ Jurídico Exatas ☐ Língua Estrangeira ☐ Língua Portuguesa ☐ Outros

Universitário - ☐ Administração ☐ Ciências Políticas ☐ Computação ☐ Comunicação ☐ Economia ☐ Engenharia ☐ Estatística ☐ Finanças ☐ Física ☐ História ☐ Psicologia ☐ Relações Internacionais ☐ Turismo

Áreas da Saúde - ☐ Anestesia ☐ Bioética ☐ Cardiologia ☐ Ciências Básicas ☐ Cirurgia ☐ Cirurgia Plástica ☐ Cirurgia Vascular e Endovascular ☐ Dermatologia ☐ Ecocardiologia ☐ Eletrocardiologia ☐ Emergência ☐ Enfermagem ☐ Fisioterapia ☐ Genética Médica ☐ Ginecologia e Obstetrícia ☐ Imunologia Clínica ☐ Medicina Baseada em Evidências ☐ Neurologia ☐ Odontologia ☐ Oftalmologia ☐ Ortopedia ☐ Pediatria ☐ Radiologia ☐ Terapia Intensiva ☐ Urologia ☐ Veterinária

Outras Áreas - _____

Tem algum comentário sobre este livro que deseja compartilhar conosco?

_____

* A informação que você está fornecendo será usada apenas pela Elsevier e não será vendida, alugada ou distribuída por terceiros sem permissão preliminar.
* Para obter mais informações sobre nossos catálogos e livros por favor acesse **www.elsevier.com.br** ou ligue para **0800 026 53 40.**